손쉽게 만들~
즐겁게 맛보는 중세 요~

중세
유럽의
레시피

코스트마리 사무국 지음 | 김효진 옮김

AK TRIVIA BOOK

머리말

게임이나 애니메이션 혹은 소설이나 만화에 등장하는 검과 마법의 세계. 우아한 드레스로 몸을 휘감은 공주와 왕자의 사랑이야기. 비일상적인 세계의 매력은 아이부터 어른까지 모두를 사로잡는다.

서양 판타지의 무대이기도 한 1,000여 년 전 유럽, 철갑옷을 두른 기사들은 주군 앞에 영원한 충성을 맹세하며 전장으로 향하고 그의 가족과 연인은 그저 무사 귀환을 기원하는 수밖에 없었다……. 당시에는 정말 그랬을 것이다.

만약 중세 유럽 사람들이 우리가 사는 현대로 타임슬립한다면 어떨까?

낯선 문화는 물론이고 난생 처음 보는 기계와 이동수단 그리고 사람들의 옷차림에 크게 놀랄 것이다. 어쩌면 가장 놀라운 것은 '일찍이 겪어보지 못한 자유'일 수도 있다.

연애, 공부, 진로, 노후 계획에 이르기까지 삶의 양식을 '자유롭게 선택할 수 있는 권리'야말로 그들이 그 무엇보다 바라던 것이 아니었을까.

법률에 매이고, 전쟁에 휘말려, 때로는 끼니조차 잇기 힘들었던 시대. 얼마나 고된 삶을 살았을지 짐작도 할 수 없다.

　자유로운 현대를 살고 있기 때문에 더디욱 '지난 역사와 문화'를 되짚어 볼 필요가 있다.

　과거의 유물과 폐허로 변한 수도원, 찾는 이 없는 황폐한 묘지. 접시 한 장에도 과거의 생활상을 보여주는 수많은 역사가 담겨 있을 것이다.

　음식도 마찬가지이다. 온갖 첨가물과 편리한 가공식품들이 넘쳐나는 현대에도 과거와 크게 다르지 않은 것들이 있다. 특히 허브, 아몬드 밀크, 로커스트 콩, 미드(Mead, 봉밀주) 등은 미용 및 건강에 이로운 식재료로 주목받으며 가까운 슈퍼마켓에서도 손쉽게 구할 수 있게 되었다.

　이런 식재료들은 일찍이 수백 년 전부터 존재했던 것으로 어쩌면 우리 선인들도 이용했는지 모른다.

　당시의 식재료들이 다시금 관심을 불러일으키고 있다.

　중세 유럽에서 탄생한 많은 요리는 격동의 시대를 살다간 이들에 의해 오늘날에 전해진다. 당시를 완벽히 재현해낼 수는 없겠지만 조리 방법이나 재료로 어느 정도 짐작은 할 수 있을 것이다.

　선인들이 이어온 '음식의 역사'를 이번 기회에 직접 체험해보기를 바란다.

슈 호카

목차

Introduction
서문

현대의 조미료로 대신할 수 있는 중세 유럽 요리!

조미료라고 하면 흔히 '설탕·소금·식초·간장·된장'을 떠올릴 수 있다. 간장과 된장은 일부 지역에서만 쓴다고 쳐도 설탕, 소금, 식초는 꼭 필요하다.

중세 유럽에서도 조미료는 모든 요리의 맛을 결정하는 열쇠였지만 현대와는 맛에 대한 감각이 달랐던 듯하다.

당시의 조미료는 '향신료·소금·비네거(서양 식초)·꿀'이 주류였다. 설탕을 넣지 않은 이유는 요즘처럼 마음껏 쓸 수 있는 흔한 재료가 아닌 고급 식재료였기 때문에 여기서는 '향신료'에 포함했다.

향신료는 대부분 수입에 의존했으며 중세 전기 십자군의 중근동 원정이 크게 영향을 미쳤다.

개인적으로 '중세의 3대 향신료'라고 부르는 것이 있다. '클로브·시나몬·생강'이다. 지역에 따라 조금씩 다르지만, 대부분의 레시피에는 이 세 가지 중 한 가지가 들어갔다.

그 밖에도 많은 향신료를 사용했지만 어느 정도나 쓰였는지 정확한 기록은 남아 있지 않다. 향신료 자체가 워낙 비쌌기 때문에 부유한 귀족이나 왕족이 베푸는 연회에 주로 쓰였을 것이다. 맛보다는 자신의 '부(富)'를 어필하는 면도 있었던 것 같다.

그에 비해 오늘날 서양 요리에 자주 등장하는 '로즈마리, 바질, 파슬리' 등의 허브를 사용한 레시피는 많지 않다. 요리서보다는 수도원 등에 보관된 '의료 서적'에 요양식 재료로 기록되어 있는 경우가 많았다.

🌿 중세 요리서에 등장하는 향신료

❖ 요리용

클로브·시나몬·생강(중세의 3대 향신료)

쿠민·캐러웨이·아니스·마늘

후추 등

❖ 요리용으로 고가의 향신료

사프란·프림로즈 등

❖ 요리용으로는 거의 쓰이지 않았다(주로 의료용)

로즈마리·바질·세이지·파슬리 등

설탕은 앞서 말했듯이 '향신료'의 일종으로 보았다. 설탕도 처음에는 중근동이나 아시아에서 수입했으며 중세 후기에 비로소 사탕수수 생육에 적합한 카나리아 제도(스페인령)에서 재배를 시작했다.

관리 방법도 조금 특이했는데 '슈거 로프(Sugar loaf)'라고 불리는 원뿔 모양으로 굳힌 설탕 덩어리를 조금씩 떼어 사용했다고 한다.

참고로, 단맛을 내는 대표적인 조미료였던 꿀은 다양한 레시피에 등장한다.

소금도 설탕처럼 값비싼 조미료였다. 상류층의 연회에서는 영주 등의 지위가 높은 사람이 앉는 식탁(High table) 위에 '네프(Nef)'라고 불리는 배 모양(다른 모양도 있다) 식기에 소금을 담아 두었다고 한다. 어떤 의미에서는 사이드 테이블(Side table)에 앉은 손님보다 지위가 높았다고도 할 수 있다. 소금 만세.

비네거(서양 식초)는 신맛을 선호하는 사람이 많았는지 아니면 비교적 보존이 쉬웠기 때문인지 레드 와인 비네거를 사용한 요리가 자주 등장한다.

· · ·

중세 말기 유럽 전역을 휩쓴 '페스트(흑사병)'로 사망자가 속출하는 상황에도 거리낌 없이 페스트 환자의 집에 들어가 물건을 훔친 4명의 도적이 있었다. 그들은 평소 여러 종류의 허브를 식초에 재운 소위 '4인의 도적 식초(Vinaigre des quatre Voleur)'라고 불리는 것을 마셨기 때문에 전염병에 걸리지 않고 도적질을 계속할 수 있었다고 한다(물론 나쁜 짓이지만). 오리지널 레시피는 비공개지만 일반적으로 로즈마리, 마늘, 민트, 시나몬 등 제법 효과가 있을 법한 허브와 향신료를 레드 와인 비네거에 넣고 숙성시켜 만들었다고 한다.

비네거가 많이 생산된 지역은 프랑스 중부의 오를레앙이다. 잔 다르크로 유명한 도시이다.

중세 무렵부터 대대로 이어진 '오를레앙 제조법'으로 만든 화이트 와인 비네거의 맛은 그야말로 일품이라고 한다.

당시 오를레앙은 와인이 가장 마지막에 하역되는 지역이었기 때문에 오랜 운반 과정을 거치며 맛이 떨어진 와인을 오크통에 넣고 숙성시킨 것이 그 기원이라는 설이 전해진다(그 밖에도 여러 설이 있다).

꿀은 지역에 따라 수확량에 차이가 있기는 하지만 단맛을 내는 조미료로 널리 쓰였다. 꿀뿐 아니라 밀랍을 채취해 양초를 생산하기도 했다. 생산 과정이 번거롭고 가격도 꽤 비쌌기 때문에 대부분 수도원에서 사용했다고 한다.

꿀은 유럽 전역에서 채취되었지만 북유럽 특히 지금의 루마니아와 폴란드의 리투아니아 지방의 생산량이 풍부해 세계에서 가장 오래된 술이라고 전해지는 '봉밀주(미드, Mead)'도 많이 만들어졌다. 지금도 몇몇 양조장에서 짙은 황금색 봉밀주를 만들고 있다.

이제 당시 사용된 조미료에 대한 간단한 설명에 이어 본격적으로 중세 유럽 요리를 만들 때 필요한 조미료를 소개하기로 하자.

· · ·

❖ 올리브 오일

식물성 오일이면 무엇이든 상관없지만 건강은 물론 활용도 면에서도 올리브 오일을 추천한다. 일반적인 올리브 오일 외에 '엑스트라 버진 올리브 오일(정제하지 않아 풍미가 살아 있는 오일)'도 있지만 보통 올리브 오일로도 충분하다. 야외 요리에 쓰이는 더치 오븐 손질에도 올리브 오일을 사용한다.

❖ 설탕

일반 가정에서 쓰는 백설탕이면 된다. 중세의 요리사들이 보면 기겁하겠지만 아낌없이 사용하자. 삼온당이나 그래뉴당도 괜찮다. 다만, 결정이 큰 얼음 설탕 등은 요리에 쓰기 불편하기 때문에 피하는 것이 좋다.

❖ 소금

일반 정제 소금으로도 충분하지만 중세의 맛을 충실히 재현하고 싶다면 분쇄기로 갈아 쓰는 암염을 추천한다. 알갱이가 조금 굵지만 요리에 쓰기에는 오히려 편하다. 암염을 구입한다면 은은한 핑크빛을 띤 로즈 솔트가 가장 좋다.

❖ 향신료 & 건조 허브

중세에 사용하던 고가의 향신료는 지금도 쉽게 구할 수 있다. 이것도 중세의 요리사가 보면 깜짝 놀랄 테지만……

가능하면 앞서 소개한 '중세의 3대 향신료(클로브·시니몬·생강)'는 준비하도록 하자. 아니스나 캐러웨이 씨 등은 꼭 필요한 것은 아니지만 과자나 빵을 만들 때 종종 쓰기 때문에 준비해두면 좋다.

건조 허브는 로즈마리, 타임, 파슬리 등이 있으면 충분하다. 카레나 스튜를 자주 만든다면 월계수 잎이 있으면 더욱 좋다.

여유가 있으면 사프란도 준비해두자. 사프란은 예나 지금이나 생산량이 적고 가격이 매우 비싸기 때문에 요리에 사용할 때는 소량만 넣어도 충분하다.

건조 허브나 향신료 중에는 '일반 요리에는 거의 쓰이지 않는' 종류도 간혹 등장한다. 건조 허브를 계량해서 판매하는 허브 전문점에 가면 소량으로도 구입할 수 있다. 허브티로 쓰이는 종류는 식용이기 때문에 곱게 갈아 사용할 수 있다. 다만 방향용으로 쓰는 허브는 먹지 못하는 종류도 많으니 주의해서 구입하도록 하자.

신선식품 매장에서 구입할 수 있는 생 허브는 중세 유럽의 귀족 요리에는 거의 쓰지 않는다. 앞서 이야기했듯이 주로 '약용'으로 쓰고 요리서에는 등장하지 않는다. 완성된 요리에 곁들이거나 찬물에 넣어 허브 워터 등으로 이용하면 좋다.

❖ 밀크

밀크라고 하면 우유를 떠올리는 사람이 많겠지만 중세 유럽에서는 주로 '아몬드 밀크'를 사용했다. 우유는 보존성이 낮아 금방 쓰지 않으면 쉽게 상하기 때문이다. 그에 비해 아몬드 밀크는 그때그때 필요한 양만큼만 만들어 쓸 수 있다.

요즘은 슈퍼마켓 등에서도 쉽게 구할 수 있지만 가능하면 만들어 쓰는 것을 추천한다. 시판 제품에는 첨가물이 많이 들어 있기 때문에 본연의 맛과 달라질 수 있다.

아몬드 밀크를 만들 때는 물에 충분히 담그는 등 몇 가지 주의해야 할 점이 있다. 79쪽의 레시피를 참고하도록 하자.

❖ 꿀

꿀은 종류에 따라 풍미가 크게 달라진다. '백화밀(白花蜜)'이라고 불리는 종류면 어떤 것이든 무방하다. 물론 아무것도 쓰여 있지 않은 꿀도 괜찮다.

간혹 1컵 정도의 많은 양이 들어가는 레시피도 있기 때문에 튜브 타입 말고 병에 든 대용량 꿀을 준비하면 좋다.

감기에 걸렸을 때 조금 먹으면 도움이 될 수 있다.

❖ 간장(생선 액젓)

중세 유럽에는 대두로 만든 간장이 아니라 고대 로마 시대부터 사용한 '생선 액젓'이 있었다. '가룸(Garum)'이라고 불린 이 생선 액젓은 청어를 소금에 절여 만든 것으로 독특한 짠맛이 특징이다. 중세 시대 남유럽 일부 지역에서 사용했을 것으로 여겨진다.

이처럼 생선 액젓 등의 일부 특수한 재료를 빼면 대부분 가까운 슈퍼마켓에서 구입할 수 있다.

역사를 재현한 요리는 당시와 똑같은 재료를 써야 한다거나 수입 재료가 아니면 안 된다는 식의 생각을 갖는 것도 무리는 아니다. 오랫동안 품종 개량을 거친 식재료는 어쩔 수 없지만 향신료나 설탕, 소금 등의 조미료는 예나 지금이나 크게 변하지 않았다(물론 가격은 크게 변했지만).

가까운 슈퍼마켓은 훌륭한 중세의 식재료 창고이다. 적극적으로 활용해보자!

중세 레시피에 등장하는 향신료·허브

중세 유럽의 요리 특히 귀족이나 왕족의 연회에 빠지지 않는 것이 '향신료'이다. 십자군의 중근동 원정을 통해 유입된 향신료 이용이 크게 늘면서 상류층에서 앞다투어 사들였다고 한다.

대부분 수입에 의존했던 만큼 고가이기도 했지만 그 희소성 때문에 가격은 더욱 치솟았다.

그만큼 향신료를 이용한 요리를 많이 내놓는다는 것은 '재력'을 과시하는 일이기도 했다. 이 책에도 자주 등장하는 향신료를 소개한다.

❖ **시나몬**

중세의 3대 향신료 중 하나로, 독특한 향이 특징이다. 요리의 완성 단계에서 향미를 더하기 위해 사용했는지도.

❖ **생강**

중세의 3대 향신료 중 하나로, 알싸한 맛이 여러 요리에 잘 어울린다.

❖ **너트맥**

씨를 갈아서 사용한다. 무척 딱딱하기 때문에 잘 갈아야 한다.

❖ **아니스**

주로 과자나 음료 등에 넣어 풍미를 더한다.

❖ **클로브**(정향)

중세의 3대 향신료 중 하나. 형태는 못과 비슷하고 으깨면 강렬한 향이 살아난다. 향이 강해서 액을 쫓는 향신료로도 쓰였다. 귀족 여성들은 머리칼 사이에 클로브 씨를 넣어 향을 내기도 했다.

❖ **카르다몸**

'향신료의 여왕'으로 불리며 강렬한 향이 특징이다. 땅콩처럼 생긴 타원형 씨를 으깨면 향이 살아난다.

❖ **캐러웨이**

씨를 사용한다. 입에 넣으면 톡톡 씹히는 식감을 맛볼 수 있다.

❖ **마늘**

생강만큼 자주 쓰지는 않았던 듯하다.

❖ **흑 후추**

모든 요리에 쓰인다.

❖ **그레인 오브 파라다이스**

후추의 일종으로 '기니아 생강'이라고도 한다. 아프리카 대륙의 가나 등지에서 자생한다. 매우 귀한 식재료였기 때문에 당시에는 생산지 등의 정보가 극비에 붙여졌다고 한다. 엘리자베스 1세도 좋아했다고 한다.

❖ **쿠민**

방향성이 강하며 알싸한 매운맛이 특징이다. 주로 스프나 고기 요리 등의 풍미를 더하는 데 쓰였다.

간혹 로즈마리나 타임 등의 '허브'에 대해 묻기도 하는데 요즘처럼 요리에 자주 쓰이지는 않았던 듯하다.

중세 유럽에서는 허브를 거의 '의료용' 즉 '약'으로 이용했다. 주로 수도원 정원의 허브 밭에서 재배되었으며 치료식으로 쓰였다고 한다.

12세기 중세 독일의 수녀로 본초학자이자 신비학자로 활동했던 힐데가르트 폰 빙엔(Hildegard von Bingen 1098~1179)이 고안한 요리가 그 전형적인 예로, 허브의 숨은 '효능'을 적절히 배합해 균형 잡힌 영양소를 섭취할 수 있는 방법에 대한 기록을 남겼다. 힐데가르트가 제창한 많은 레시피는 약선 요리의 요소도 담고 있어 오늘날에도 세계적으로 많은 사람들에게 사랑받고 있다.

Chapter 1

우아한 귀족의 식사

~요리 입문 1단계~

이 장에서 소개하는 중세 유럽의 요리는
다음과 같은 점에 중점을 둔 레시피로 구성했다.

- 재료를 구하기 쉽다
- 간단히 만들 수 있다
- 자연스럽게 지식을 풀어낼 수 있다

귀족이나 왕족의 식탁에 올랐던 다양한 요리들.
당시의 식문화에 흥미를 갖게 될 만한 요리들을 모아보았다.
요리명에 덧붙인 연대와 지어온 초기 문헌 명을 참고해 추측한 것이다.

히포크라테스의 소매

14세기 이후 | 잉글랜드 외

고대 그리스의 저명한 의학자 히포크라테스의 이름에서 유래한 스파이스 와인의 일종이다. 약으로 쓰이던 향신료가 들어가기 때문에 당시에는 약주로 마셨을 수도 있다.

 재 료

- 생강(분말)······1/2작은술
- 시나몬 스틱······중간 크기 2개
- 카르다몸(굵게 으깬 것)······2알
- 설탕······3큰술
- 레드 와인(드라이)······500㎖
- 레몬······조금

 조리 방법

1. 냄비에 넣고 끓인 레드 와인에 향신료를 전부 넣는다. 가볍게 저어 설탕을 녹인다.

2. 잔에 담고 얇게 썬 레몬을 올린다.

중세풍 샐러드

중세 전반 | 잉글랜드 외(변형)

중세 유럽에서는 채소를 생으로 먹지 않고 대부분 끓이거나 굽는 등 익혀 먹는 일이 많았다. 드물지만 이름 그대로 생 허브를 듬뿍 넣은 약초 샐러드이다.

 재 료

- 어린잎 채소 혹은 샐러드용 시금치 ··· 1봉
- 각종 생 허브(바질, 이탈리안 파슬리, 차이브 등)
- 소금·············· 한 자밤
- 후추(굵게 간 것)·············· 조금
- *식용 꽃 ·············· 적당량

조리 방법

1. 어린잎 채소와 허브는 가볍게 씻어 물기를 제거한다. 허브는 손으로 적당히 찢어 어린잎 채소와 함께 섞는다. 크고 움푹한 접시에 담는다.

2. 소금, 후추를 뿌려 가볍게 섞는다.

3. 식용 꽃을 흩뿌려 접시를 장식한다.

※ **식용 꽃**(Edible flower)

　대형 마트 등에서 구입할 수 있으며 계절에 따라 꽃의 종류가 달라지기도 한다. '마트에 없다고' 꽃집에서 파는 꽃을 요리에 사용하면 안 된다. 반드시 '식용' 꽃을 사용하자!

쿠민 스프

14세기 이후 | 북유럽

쿠민(Cumin)은 향신료의 일종으로, 고대 이집트에서 처음 사용했다는 기록이 전해진다. 향이 강하고 다소 쓴맛이 난다. 중세 유럽의 귀족이나 왕족들은 이런 강렬한 향을 스프로 즐겼던 듯하다.

재 료

- 쿠민(분말)·············2큰술
- 닭 육수··············2컵
- 차이브 혹은 대파··········1/2대
- 달걀···············2개
- 흑 후추·············조금

조리 방법

1. 차이브(혹은 대파)는 손으로 가늘게 찢거나 칼로 가늘게 썬다.

2. 냄비에 닭 육수와 차이브를 넣고 끓인다.

3. 육수가 끓으면 쿠민과 흑 후추를 넣고 간을 한다. 싱거우면 소금을 추가한다.

4. 풀어놓은 달걀을 넣고 살짝 익으면(반숙 정도) 불을 끄고 그릇에 담는다. 달걀이 완전히 익기 전에 불을 끌 것.

히포크라테스 소스

앞서 소개한 '히포크라테스의 소매(18쪽)'의 소스 타입. 레드 와인을 이용한 소스는 고기 구이 등에 곁들였을 것이다. 혼합 향신료는 취향에 따라 조절한다. 너무 많이 넣지 않도록 주의한다.

재 료

• 레드 와인 · · · · · · · · · · · · · · 2컵
• 혼합 향신료
  ┌ 생강 · · · · · · · · · · · · · 3큰술
    설탕 · · · · · · · · · · · · · 2큰술
    시나몬 · · · · · · · · · 1과 1/2큰술
    클로브 · · · · · · · · · · · · 1작은술
  └ 너트맥 · · · · · · · · · · · · 1작은술
    (모두 분말 타입)
• 설탕(맛 조절용) · · · · · · · · · 1큰술

조리 방법

1. 재료를 모두 넣고 잘 섞는다. 찬요리에 곁들인다.

21

아스파라거스 샐러드

15세기 | 스페인·이탈리아 외

흔히 볼 수 있는 그린 아스파라거스도 좋지만 화이트 아스파라거스가 있다면 그걸 사도록 하자. 소금을 사용하지 않는 매우 심플한 드레싱이다. 간이 부족하면 완성된 샐러드 위에 암염을 살짝 뿌려도 좋다.

재료

• 생 아스파라거스 ····· 2~6개

화이트 아스파라거스는 나오는 철이 한정적이므로 그린 아스파라거스로 대체 가능

• 올리브 오일 ········· 2큰술
• 레드 와인 비네거 ···· 2작은술
• 흑 후추 ·········· 1작은술

조리 방법

1. 아스파라거스는 딱딱한 밑동 부분을 잘라내고 적당한 크기로 자른다.

2. 끓는 물에 5~6분 정도 데친다.

3. 아스파라거스를 제외한 나머지 조미료를 모두 섞는다. 페트병 등을 이용해 올리브 오일을 비롯한 다른 조미료를 넣고 흔들면 잘 섞인다.

4. 데친 아스파라거스를 접시에 담고 잘 섞은 조미료를 뿌려 따뜻할 때 식탁에 올린다.

코드
Cod

14세기 이후 | 잉글랜드

흰살 생선인 대구는 기름기가 적어 찜 요리로 이용되었다. 연어와 마찬가지로 대서양 북부에서 주로 잡혔기 때문에 잉글랜드와 프랑스 레시피에 종종 등장한다.

재 료

- 대구·····················1마리

흰살 생선은 기독교의 사순절(부활절 구일 전에 행해지는 단식 기간)에도 먹을 수 있는 식재료였다. 청어만 먹었던 것으로 생각하기 쉽지만 대구를 비롯한 다른 흰살 생선들도 여럿 등장한다

- 화이트 와인·············1/4컵
- 물···················1/4컵
- 소금·············1/2~1/4큰술
- 홀그레인 머스타드(씨겨자)······적당량

조리 방법

1. 프라이팬에 준비한 물과 화이트 와인 절반 그리고 4등분한 대구를 넣는다. 소금도 넣는다.

2. 15분가량 끓이다 나머지 물과 와인을 전부 넣는다. 대구가 익을 때까지 끓인다.

3. 홀그레인 머스타드를 곁들여 접시에 담아낸다.

홀그레인 머스타드에 녹인 버터를 넣고 소금으로 간을 해, 드레싱을 만들어도 좋다.

펑거스
Fungus

14세기 | 잉글랜드 외

'파우더 포트'라고 하는 혼합 향신료를 넣고 끓인 버섯 스프이다. 이 혼합 향신료는 동시대 다른 메뉴에도 자주 등장한다. 어쩌면 어느 정도 정해진 조미료를 식재료에 따라 구분해 사용했을 수 있다.

리크(Leek, 서양 파)는 대형 백화점의 채소 코너나 수입 식자재점에서 구입할 수 있으며 시기에 따라서는 인터넷 쇼핑몰 등에서도 구입 가능하다. 겉보기에는 크고 굵은 대파 같지만 가열하면 은근한 단맛이 난다.

재 료

- 새송이 버섯 · 50 g
- 만가닥 버섯 · 50 g
- 리크(서양 파) 혹은 대파 · · · · · · · · · · · · · · · · · 1/2대
- *파우더 포트
- 소금(맛 조절용) · 조금
- 닭 육수 · 300 cc

《파우더 포트》
- 시나몬 · 1/2큰술
- 클로브 · 1작은술
- 흑 후추 · 1작은술

 **조리 방법**

1. 새송이 버섯은 먹기 좋은 크기로 썰고, 만가닥 버섯은 밑뿌리를 제거한 후 가늘게 찢는다.

2. 리크는 가늘게 썬다. 대파를 사용하는 경우에는 비스듬히 썬다.

3. 냄비에 닭 육수를 넣고 한소끔 끓으면 손질한 버섯과 향신료를 모두 넣는다.

4. 4~5분 더 끓이다 간을 보고 싱거우면 소금으로 맛을 조절한다.

5. 뜨거울 때 그릇에 담아낸다.

✳ **파우더 포트**(Powder fort)

　파우더 포트는 14세기 잉글랜드의 요리서 『Fotme of Cury』에 자주 등장한다. 주로 스프나 조림 요리 등에 사용되었으며 요리에 따라 향신료의 배합이나 종류가 조금씩 다르다.

　기본 구성인 세 종류의 향신료는 하나같이 방향성이 뛰어나기(향이 강하다) 때문에 요리의 향미를 더하는 용도로 쓰였는지도 모른다.

렌즈콩과 닭고기 스튜

14세기 이후 | 북유럽

렌즈콩(Lentil)은 구약 성서에도 언급되었을 만큼 오랜 역사를 지닌 콩과 식물이다. 건조 상태로 오랫동안 보존할 수 있으며 영양가가 뛰어나 수도원의 식사 메뉴에도 자주 등장한다. 오래 끓일수록 부드러워지고 적은 양으로도 포만감을 느낄 수 있다. 렌즈콩을 구하기 힘든 경우 사진과 같은 '병아리 콩'으로 대체해도 좋다.

재 료

- 닭다리살(크게 썬 것) ·················· 400 g
- 건조 렌즈콩··························· 1컵
- 닭 육수··························· 1컵
- 소고기 육수························ 4컵
- 녹인 버터 ·······················2큰술
- 소금 · 후추 ······················적당량
- 바질(건조)······················1/2 작은술
- 순무····························3~4개

양고기를 사용해 남유럽풍으로
만들어도 좋다

수입 식재료점에서 구입할 수 있
다. 병아리 콩으로 대체 가능

생 바질은 사용하지 않는다

조리 방법

1. 닭다리살은 손질해 소금, 후추를 뿌린다. 두꺼운 냄비에 버터를 녹인 후 닭다리살을 넣고 노릇노릇하게 튀기듯 굽는다.

2. 2의 냄비에 닭 육수를 넣고 약 30~40분 약한 불에서 끓인다(바닥에 눌러 붙지 않도록 중간 중간 상태를 확인한다).

3. 다른 냄비에 가볍게 씻은 렌즈콩과 소고기 육수를 넣고 한소끔 끓인 후 불을 줄여 약불에서 15분 정도 끓인다.

4. 볼에 깍둑썰기한 순무를 담고 소금과 바질을 뿌린다.

5. 3의 냄비에 4의 순무를 넣고 약한 불에서 10분간 끓인다.

6. 렌즈콩과 2의 닭고기를 섞어 큰 그릇에 옮겨 담는다.

'순무'는 중세 시대에도 비교적 인기 있는 채소로 스프나 샐러드로 이용하기도 했다. 10월 말의 핼러윈 축제 때 볼 수 있는 호박 초롱 '잭 오 랜턴(Jack-o'-Lantern)'도 과거에는 순무로 만들었다고 한다.

참고로 나는 매년 순무로 만든 잭 오 랜턴을 장식한다. 순무의 속을 파내는 것이 훨씬 쉽기 때문이다. 호박은 워낙 딱딱하다 보니······.

작은 새의 무덤

15세기 | 프랑스 외

다소 신랄한 이름이 붙은 이 요리는 레드 와인을 넣고 끓인 닭고기 조림이다. 레드 와인을 넣고 끓이다 보면 점점 걸쭉한 스프처럼 되기 때문에 이런 이름이 붙었는지도 모르겠다. 딱딱한 빵을 살짝 구워 같이 먹으면 더욱 맛있다.

재　료

- 닭다리살· 400 g
- 마늘· 1쪽　　생마늘 사용
- 레드 와인 · 1컵
- 물 · 2컵　　가능하면 샌물을 추천
- 소금 · 후추 · 조금
- 타임· 1/2 작은술　　타임과 로즈마리는 분말 타입이
- 로즈마리· · · · · · · · · · · · · · · · · · 1/2 작은술　　나 잎의 형태가 남아 있는 홀
- 세이지 생잎(없어도 무관) · · · · · · · · · · · · · 2속　　(Whole) 타입 둘 다 사용 가능

　조리 방법

1. 닭다리살은 먹기 좋은 크기로 썬다.
2. 닭다리살에 으깬(혹은 다진) 마늘을 넣고 잘 섞는다.
3. 소금·후추를 골고루 뿌린다.
4. 냄비에 넣고 고기 표면이 노릇노릇해질 때까지 볶는다.
5. 타임, 로즈마리를 넣는다.
6. 냄비에 레드 와인과 물을 차례로 넣고 가볍게 젓는다.
7. 국물이 졸아들 때까지 볶는다.
8. 그릇에 담고 세이지 생잎이 있으면 함께 곁들인다.

　　요리의 이름을 붙이는 방식은 지역에 따라 다르지만 '작은 새의 무덤'처럼 다소 의아한 이름의 요리도 직접 보면 '아, 이거로군!' 하고 고개를 끄덕이게 된다. 요리사들의 장난기도 담겨 있지 않았을까.

　　지금껏 들어본 요리명 중에는 '바이올렛(제비꽃 포타주)', '왕의 양고기 구이', '천사가 먹었던 타르트(치즈 타르트)' 등도 있다.

　　단순한 이름도 좋지만 손님의 호기심을 자극할 수 있는 이름으로 바꿔보는 것도 좋을 것 같다.

뿔닭 찜

14세기 이후 | 유럽 전역

　뿔닭(Helmeted guineafowl)은 주로 아프리카 대륙에 서식하는 몸길이 50㎝ 정도의 새로, 들새와 비슷한 식감을 지닌 고급 식재료로서 현재도 유통되고 있다. 특히, 프랑스의 다양한 뿔닭 요리는 미식가들의 입맛을 사로잡고 있다.

　중세 유럽에 수입된 뿔닭은 가격도 무척 비쌌을 것이다.

　국내에서 구하기 힘든 경우에는 영계 등으로 대체해도 좋다. 더치 오븐을 사용해 조리했다.

재 료

- 뿔닭(혹은 영계) · · · · · · · · · · · · · · · · · · 1마리
- 마늘(얇게 저민 것) · · · · · · · · · · · · · · · · 1쪽
- 당근 · 1/2개
- 셀러리 · 1/2대
- 당근, 셀러리 자투리 · · · · · · · · · · · · · · · 적당량
- 월계수 잎 · 2장
- 로즈마리 생잎 · · · · · · · · · · · · · · · · · · · 적당량
- 소금 · 후추 · 조금

뿔닭은 수입 식자재점 등에서
구입할 수 있다

줄기 부분을 사용한다

버리지 않고 남겨두는 것을
잊지 않도록!

 조리 방법

1. 뿔닭 속을 채울 당근과 셀러리는 가늘게 썬다.

2. 뿔닭 겉면에 소금·후추를 뿌리고 5분 정도 놓아둔다.

3. 더치 오븐에 자투리 채소를 깐다.

4. 뿔닭 속에 당근, 셀러리, 월계수 잎을 채우고 속이 빠져나오지 않도록 이쑤시개 등으로 꽁지 부분을 봉해준다. 채소가 너무 많을 경우 절반가량만 넣어도 된다.

5. 속을 채운 뿔닭을 더치 오븐 바닥에 닿지 않게 넣고 로즈마리 생잎도 함께 넣는다. 뿔닭 위에 얇게 저민 마늘을 올린다.

6. 뚜껑을 덮고 약한 불에서 약 50~60분 정도 쪄낸다. 중간에 뚜껑을 열지 않도록 주의한다.

7. 완성된 뿔닭 찜을 식기 전에 접시에 담아낸다. 관절 부분을 떼어내면 먹기 수월하다(로즈마리 생잎을 곁들이면 좋다).

더치 오븐이 없다면!

집에 더치 오븐이 없다면 찜기나 압력솥을 이용하면 된다. 식감이나 맛이 조금 다를 수 있으니 그 점은 양해 바란다.

〈찜기를 사용하는 경우〉

찜 냄비에 뜨거운 물을 부어 팔팔 끓인다. 찜기를 올리고 자투리 채소를 깔아준 뒤 뿔닭을 올려 한 시간 정도 쪄낸다.

젓가락 등으로 찔러보고 부드러워졌으면 완성. 화상에 주의하자.

부드러운 다진 고기 조림

15세기 이후 | 스페인 외(변형)

다진 고기를 이용한 조림 요리이다. 혼합육(소·돼지고기)도 좋지만 귀족적 풍미를 살리기 위해 큐브형 스테이크를 사용했다.

스킬렛(Skillet, 무쇠 프라이팬)을 추천하지만 없을 경우에는 가정용 프라이팬을 사용해도 무방하다.

아릿한 후추의 향미가 특징인 간단한 요리이다.

재 료

- 큐브 스테이크 · 약 200 g
- 양파 · 1개
- 박력분 · 소량
- 후추 · 적당량
- 소금(맛 조절용) · 적당량
- 소고기 육수 · 2컵
- 레몬즙 · 적당량
- 월계수 잎 · 2장
- 버터 · 10 g

슈퍼마켓에서 파는 큐브형 스테
이크면 OK

충실한 재현에 도전하는 경우, 라벤더
와 클로브를 각각 1작은술씩 추가

조리 방법

1. 큐브 스테이크는 가볍게 으깨 박력분을 뿌린다. 양파는 얇게 썬다.

2. 스킬렛(무쇠 프라이팬)에 버터를 녹인 후 고기를 넣고 볶는다.

3. 고기가 어느 정도 볶아지면 양파를 추가해 투명해질 때까지 계속 볶는다.

4. 1에서 남은 박력분을 함께 넣고 섞는다.

5. 소고기 육수, 후추, 월계수 잎을 넣고 뚜껑을 덮은 뒤 15분가량 끓인다.

6. 마지막에 레몬즙을 넣어 맛을 조절한다.

원래는 이때 라벤더와 클로브를 넣지만 이번 레시피에는
허브를 사용하지 않았다. 충실한 재현에 도전하려면 허브
를 넣어보자

스킬렛(Skillet)

　스킬렛은 중세 유럽의 요리기구 중에서도 특히 유용한 만능 도구이다. 더치 오븐을 사용할 수 없는 장소에서는 주로 스킬렛으로 요리한다. 모든 조리 방법이 가능하나는 것이 가장 큰 장점이다.

　크기가 작은 것은 그대로 오븐에 넣어 조리할 수 있고, 인덕션(IH)에서 사용할 수 있는 종류도 있다. 요리 후에는 녹이 슬지 않도록 꼼꼼히 손질해두어야 한다. 관리가 힘들긴 하지만 유용한 쓰임새 덕분에 팬도 많다.

연어 파이

15세기 이후 | 북유럽(변형)

　겨울이 제철인 생선 중 하나인 연어. 북유럽 나라들과 연어 요리는 떼려야 뗄 수 없을 정도로 인연이 깊다.

　주로 대서양 북부에서 잡히기 때문에 잉글랜드나 프랑스 북부에서는 중세 무렵부터 식재료로 이용했던 것으로 보인다.

　실제 생선 모양을 그대로 재현한 솜씨 좋은 요리사도 있었을 테지만 그 정도 역량은 없다 보니 조금 귀여운 생선 파이가 되고 말았다.

　만드는 사람에 따라 완성된 파이 모양도 제각각이었을 것이다.

재 료

- 연어 · 1토막
- 파슬리 · 1큰술
- 세이지 · 1/4작은술
- 생강 · 1/4작은술
- 소금 · 1/4작은술
- 후추 · 1/8작은술
- 아니스 · 1/8작은술
- 냉동 파이 시트 · 2장

시판 냉동 파이 시트는 버터의 풍미
가 강하기 때문에 충실한 재현을 원
한다면 로열 파이 크러스트(84쪽)를
직접 만들어 사용하는 것을 추천한다

 조리 방법

1. 연어 살을 발라낸다. 살짝 볶아서 사용하면 좋다.

2. 파이 시트로 생선 모양을 만든다. 꼬리와 지느러미 부분은 나중에 만들어 붙일 것이기 때 문에 몸통만 만들면 된다.

3. 발라낸 연어 살을 파이 시트에 올린다.

4. 파슬리, 세이지, 생강, 소금, 후추를 뿌린다.

5. 다시 파이 시트를 덮고 가장자리를 포크로 꼭꼭 눌러 잘 붙여준다.

6. 남은 파이 시트로 꼬리와 지느러미 모양을 만들어 몸통에 붙인다. 눈도 만들어 붙인다.

7. 180℃로 예열한 오븐에서 약 40~45분 굽는다.

8. 뜨거울 때 접시에 담아낸다.

> 중세의 '기상천외한 요리(illusion food)' 중에는 조리한 생선이나 고기의 본래 모 습을 재현한 요리가 종종 있었다.
>
> 연어 파이도 그렇지만 공작새를 통째로 구운 뒤 다시 깃털로 장식하고 커다란 날개까지 붙인 '공작 구이'나 구운 돼지 머리를 꽃과 과일로 장식한 '왕에게 바치 는 호화 요리(118쪽)' 등은 요리를 화려하게 장식하는 것 외에도 '생명(식재료)에 감 사'하는 의미도 있었을 것이다.

밸런타인데이 '케이크'

14세기 이후 | 잉글랜드 외(변형)

오늘날 '밸런타인데이'라고 하면 흔히 여성이 좋아하는 남성에게 초콜릿을 선물하는 날이라고 생각한다. 사실 이런 풍습은 일본의 초콜릿 회사 혹은 백화점 업체가 유행시킨 것으로 제2차 세계대전이 끝난 직후에 시작되었다고 한다(얼마 되지 않았다).

중세 유럽의 밸런타인데이는 3세기경 순교한 '성 밸런타인(발렌티누스)'을 기리는 성스러운 축일이었다. 사랑을 주제로 한 축제라는 점은 변함없지만 철학적 요소가 담긴 의식도 포함되어 있었다고 한다.

재 료

- 캐러웨이 씨(홀 타입) · 4큰술
- 타임(홀 타입) · 2작은술
- 시나몬(분말) · 2큰술
- 너트맥(홀 타입) · · · · · · · · · · · · · · · · · · · 1/2작은술
- 로즈마리(분말) · 2큰술
- 설탕 · 70 g
- 박력분 · 330 g
- 버터 · 360 g

가염 버터를 사용하면 좋지만 무염
버터도 가능

조리 방법

1. 향신료류를 모두 절구 등에 넣어 으깬다. 지나치게 으깨면 풍미가 줄어들 수 있으니 '향이 날' 정도면 된다. 5분 정도가 적당하다. 캐러웨이 씨는 의외로 가루를 내기 힘든데 원형이 남아 있는 편이 좋기 때문에 지나치게 으깨지 않도록 한다.

2. 1에 설탕을 넣고 섞는다. 고루 섞어주는 것이 포인트.

3. 깨끗한 작업대(가능하면 목제 탁자 등이 좋지만 무엇이든 괜찮다) 위에 체에 친 박력분을 넓게 펼친 후 2의 혼합물 절반을 넣고 섞는다. 대강 섞이면 실온에 둔 버터를 넣고 뭉쳐질 때까지 치댄다.

4. 15분 정도면 점토처럼 눅신한 반죽이 된다. 꼼꼼히 반죽을 치댄다.

5. 완성된 반죽은 20~30㎝의 널찍한 접시 가득 펼쳐가며 깔아준다. 가볍게 눌러도 괜찮다.

6. 먹기 좋은 크기로 칼집을 넣는다. 칼날이 바닥에 닿지 않도록 주의하며 윗부분에만 칼집을 넣는다. 손가락 마디 하나 정도의 크기가 적당하다.

7. 칼집을 넣은 반죽 위에 2의 남은 혼합물을 뿌린 후 180℃로 예열해둔 오븐에서 40분 정도 굽다 160℃로 온도를 내려 20분 더 구워준다.

8. 바로 먹어도 맛있지만 독일의 슈톨렌처럼 오래 두고 먹을 수 있기 때문에 만든 지 3~5일 쯤 지나 먹으면 딱 좋다.

> 향신료는 가능한 한 '홀(Whole, 원형 그대로 건조시킨 것) 타입'을 사용하면 좋다. 절구 등에 넣고 으깨면 특유의 향이 풍성하게 살아난다.

쇼트 브레드

중세 전기 이후 | 유럽 전역

　브레드는 '딱딱한 빵'을 두루 일컫는 말이다. 오늘날의 '건빵'처럼 보존 기간이 매우 길다.

　중세 후기, 오랫동안 배를 타거나 육로로 여행을 하는 사람들에게는 없어서는 안 될 음식이었을 것이다. 이번에는 다양한 향신료를 사용해 귀족풍으로 만들어보았다.

　여담이지만, 3개월 정도 지난 쇼트 브레드를 먹어보았는데 단맛이 응축되어 훨씬 맛 있었다.

재 료

- 중력분 · 380 g
- 설탕 · 70 g
- 시나몬(분말) · 2작은술
- 카르다몸 · 4~5알
- 생강 · 1/2작은술
- 올스파이스 · 3/4작은술
- 소금 · 조금
- 버터 · 200 g
- 커런트 · 약간

표백하지 않은 밀가루를 사용하는 것
이 좋다. 박력분도 가능

본래는 그래뉴당

'카다몸'이라고도 한다. 껍질을 깐 알
맹이를 사용한다

커런트는 알이 작고 씨가 없는 건포
도로 신맛이 난다. 제과재료점에서 구
입할 수 있다

 조리 방법

1. 오븐은 미리 예열해둔다. 카르다몸은 껍질을 까고 알맹이만 절구 등에 으깬다(강렬한 향 이 나므로 주의하기 바란다).

2. 볼에 설탕과 향신료류(시나몬, 카르다몸, 생강, 올스파이스, 소금)를 넣고 잘 섞는다. 다 섞으면 그릇에 절반씩 나눠 놓는다.

3. (차가운)도마나 반죽대에서 중력분과 2의 향신료 절반을 골고루 섞는다.

4. 3에 실온에 둔 버터를 넣고 손으로 잘 치댄다.

5. 반죽이 대강 뭉쳐지면 20㎝ 정도의 낮은 틀에 쿠킹 시트를 깔고 반죽을 채운다. 먹기 좋은 크기로 칼집을 넣고 포크로 구멍을 낸다.

6. 반죽 위에 2의 나머지 향신료와 커런트를 뿌리고 160~180℃로 예열해둔 오븐에 40~50분 굽는다.

7. 완성되면 충분히 식힌 후 밀폐용기에 넣어 1~3일 정도 놓아둔다. 필요할 때 꺼내면 된다.

쇼트 브레드의 장기 보존이 가능한 이유는 '우유'나 '달걀'이 들어가지 않기 때 문이다. 버터를 제외한 유제품이 들어가지 않기 때문에 금방 상할 염려가 없다.

시판 건빵 역시 우유나 달걀이 들어가지 않기 때문에 장기 보존이 가능하다.

엠버 데이 타르트

중세 후기 | 잉글랜드 외

엠버 데이(Ember day)는 사계절마다 3일씩 기도와 단식을 하는 기간으로 '사계 재일(四季齋日)'이라고도 한다. 유제품 섭취도 금한 '사순절'만큼 엄격하지는 않았던 듯하다. 단식 기간에는 육류 섭취를 금하기 때문에 육류는 들어가지 않는다. 이동 축일이 있기 때문에 매년 고정된 날은 아니지만 2·5·9·12월의 각 계절마다 정해진 날에 행해지며 절식을 했다.

재 료

- 녹인 버터 · 4큰술
- 소금 · 1/2작은술
- 사프란 · 적당량
- 달걀 · 6 ~ 7개
- 양파 · 1/2개
- 잘 녹는 치즈 · 50 ~ 70 g
- 커런트 · 30 g
- 설탕 · 1큰술
- 건조 파슬리 · 1작은술
- 건조 세이지 · 1작은술
- 혼합 스파이스(건조 생강 + 시나몬 + 클로브) · · · · · 1작은술
- 로열 파이 크러스트 · 1장

미리 중탕 혹은 전자레인지를 이용해
녹인다

잘 녹는 타입이면 무엇이든 좋다

혹은 시판 타르트 시트 1장

 조리 방법

1. 볼에 사프란과 소금, 버터를 넣고 잘 섞는다.

2. 양파는 다져서 5분 정도 데친 후 물기를 빼고 1과 섞는다.

3. 풀어놓은 달걀, 혼합 스파이스, 사프란, 커런트, 설탕을 2의 볼에 넣고 잘 섞어 파이 시트
에 붓는다.

4. 건조 파슬리와 세이지를 뿌리고 170℃로 예열한 오븐에서 30분 정도 굽는다.

5. 따뜻할 때 잘라서 접시에 담아낸다.

중세 유럽과 서양 판타지의 식생활 비교

~공통점과 차이점, 뜻밖의 발견?~

판타지의 세계, 누구나 한 번쯤 꿈꾸는 '통돼지 바비큐' 막대에 꿴 커다란 통돼지를 노릇노릇하게 구워 빵 위에 척 올려먹는 그 호방함! 모험가들에게는 그야말로 로망이다.

간혹 야외에서 요리를 제공하기도 하는데 가장 요청이 많은 요리가 '직화 구이'이다. 분위기를 내기에도 그만이다.

중세 유럽과 서양 판타지, 두 세계의 요리를 실제로 만들어볼 기회는 거의 없을 테니(개인적 해석) 그 '실상'을 비교함으로써 차이점과 공통점을 살펴보려고 한다. 참고삼아 읽어주기 바란다.

통돼지 바비큐

로망은 로망! 단도직입적으로 말하면 준비가 여간 어려운 일이 아니다!

커다란 막대에 꽂아 빙글빙글 돌리면 될 것 같지만, 아무리 작아도 5㎏은 나가는 돼지를 막대에 단단히 고정하지 않으면 돌릴 수 없다. 어찌어찌 고정했다 쳐도 같은 부위를 계속 구우면 타기 때문에 계속해서 빙글빙글 돌리거나 수시로 위치를 바꿔주어야 한다. 또 고기가 다 익을 때까지 기다렸다간 하루 종일 한 점도 먹지 못할 수 있으니 익은 부분부터 조금씩 잘라먹어야 할 것이다.

중세 유럽에는 '바비큐 담당' 요리사가 있었다. 돼지는 물론 영주나 왕족이 직접 사냥해온 새도 구워야 했기 때문에 요리를 태우는 등의 실수는 금물. 늘 최상의 굽기로 요리를 제공해야 하는 바비큐 담당 요리사는 많은 요리사들이 북적이는 주방에서도 지위가 높은 편이었다.

참고로, 중세 유럽의 연회에도 통돼지 바비큐가 자주 등장한다. 연회의 여흥이나 장식의 일환으로 이용되는 경우가 많았던 것 같다. 구운 통돼지의 몸통은 잘라서 먹고 돼지 머리는 다른 짐승의 몸통을 붙여 내놓기도 했다. '기상천외한 요리'라고 불리며 연회에 참석한 손님들에게 뜻밖의 즐거움을 주는 이런 요리들 역시 수준급이었던 듯하다.

🌱 새 바비큐

그나마 통돼지 바비큐보다는 쉽다!

요리에 사용하는 새의 종류도 다양하다. 중세 유럽의 경우, 지역에 따라 조금씩 다르지만 대개 닭을 비롯해 오리, 공작, 비둘기, 꿩, 백조, 그 밖의 작은 들새 등이 있다. 지금도 프랑스에는 오리나 비둘기를 이용한 요리가 많다.

구이 요리에 빠지지 않는 것이 소스. 미식 선진국 프랑스에서는 일찍부터 다양한 소스를 고안했다.

모닥불을 피워놓고 새를 구워먹는 판타지 세계 속 한 장면이 떠오른다. 여행가

나 모험가들이 야영을 준비하며 새를 구워먹는 장면처럼 해가 저물기 전에 굽기 시작해 저녁 식사 시간쯤 먹으면 딱 좋다. 너무 늦으면 배도 고플 뿐더러 불빛 때문에 도적들의 표적이 될 수도 있기 때문이다.

고기는 인내를 갖고 천천히 느긋하게 굽는 것이 중요하다.

빵

중세의 빵은 사용하는 밀가루 종류에 따라 소위 '등급'이 매겨졌다.

질 좋은 밀가루로 만드는 최상급 '흰 빵'은 귀족과 왕족을 위한 것으로, 빵 써는 시종이 특히 맛있는 부분을 썰어 손님 중에서도 신분이 높은 사람에게 대접했다.

등급이 조금 낮은 빵에는 잡곡 등이 들어가며 주로 시민 계급이 먹었다. 농민들은 조금 더 질이 낮은 밀가루를 사용해 구운 빵을 먹기도 했다.

당시 사람들이 빵을 얼마나 소중히 여겼는지는 요리 레시피를 보아도 알 수 있다. 14세기 잉글랜드의 요리서에는 '빵가루를 사용한 메뉴'가 다수 기록되어 있다. 빵가루로 쓸 빵을 따로 만든 것이 아니라 연회를 치르고 남은 빵을 잘게 부수어 사용했을 것이다.

당시의 '빵가루'는 말 그대로 딱딱하게 굳은 빵을 갈아서 만든 가루이다. 재현 요리를 만들 때도 필요하기 때문에 냉동실에 보관해두고 그때그때 갈아서 쓰고 있다.

판타지 세계에서는 종종 '커다란 갈색 빵을 여럿이 나눠먹는 정다운(?)' 장면이 등장하기도 한다. 식빵이 나오면 다소 위화감이 들겠지만 둥근 빵은 중세 유럽에서도 흔하게 볼 수 있는 빵이었다. 맛은 조금 떨어져도 서로의 여행담을 이야기하며 정답게 나누어 먹지 않았을까. 수다는 중요한 정보 교환의 수단이자 인간 생활에 꼭 필요한 요소이기 때문이다.

🌿 과일

연회에 등장하는 과일은 대부분 삶거나 굽거나 졸이는 등 '가열 조리'한 것들이 많고 생과일은 거의 사용하지 않았다. 보존 방법도 문제였지만 14~15세기 수확 풍경을 그린 삽화를 보아도 과일을 날 것 그대로 먹는 모습은 찾아보기 어렵다.

베리류나 사과와 같이 손으로 수확한 수 있는 과일은 생으로 먹었을 가능성도 있지만 가령 주방에서 사과를 8등분으로 잘라 식탁에 올렸을까? 하면 다소 의문이 드는 것도 사실이다.

포도도 거의 와인을 만드는 데만 쓰였으며 종류에 따라서는 생으로 먹지 않았을 가능성도 있다. 요즘처럼 달콤한 포도는 품종 개량의 결과로 탄생한 것들이 대부분이다. 당시에는 신맛이 나는 포도가 훨씬 많았을 것이다.

...

오렌지나 레몬 등의 감귤류는 비교적 온난한 남유럽, 스페인, 이탈리아 부근에서 등장했는데 마찬가지로 감귤류도 생으로 먹지 않고 '가열 조리'하는 방법이 요리서에 기록되어 있다. 들새가 쪼기도 했지만 신맛이 워낙 강해서 좀처럼 다가가지 않았다고도 한다. 그럴 만도 하다……

판타지 세계에서도 '과일은 자르지 않고 그대로 접시에 담는' 것이 여러 의미로 감동을 주므로, 제철 과일을 큰 접시에 시원스럽게 올려놓으면 좋을 것이다. 가능한 한 껍질을 벗기지 않고 그대로 먹을 수 있는 종류가 좋다.

🌱 생선과 식료품점

서양 판타지 작품에서 '물고기를 낚아 직접 구워 먹는' 장면은 거의 보지 못한 것 같다. 역시 고기 요리에 대한 로망 때문일까? 강이나 바다가 있으면 꼭 한 번쯤 물고기를 낚아 맛있게 구워 먹고 싶다. 그대로 회를 쳐서 먹기는 힘들겠지만……

'육류 사회'에 가까운 중세 유럽에도 민물고기나 바닷물고기 요리가 있었다. 특히 '사순절'에는 고기와 달걀 섭취를 금했기 때문에 생선을 주식으로 먹었다. 사순절 이외에도 고기의 날·생선의 날로 정해진 시기도 있었다. 현대 식생활의 관점에서는 고기와 생선을 골고루 먹는 건강한 식생활이었는지 모른다.

지역에 따라 잡히는 생선 종류도 달랐는데 유럽 북부(잉글랜드·프랑스 방면)에서는 청어·대구·연어 등이 많이 잡히고 남부(스페인·이탈리아 방면)에서는 다양한 바닷물고기와 오징어, 문어, 조개 등의 해산물이 풍부하게 잡혔다. '의외'로 여겨지는 것이 장어이다. 자양강장에 좋다고 알려지면서 부유층들이 즐겨 찾았다. 일본의 장어와는 다른 종류이다.

식재료의 차이는 요리 종류에도 크게 영향을 미쳤다. 바다나 큰 강이 있는 지역에서는 생선 요리가 많고 산간 지역에서는 양이나 돼지를 이용한 요리가 많았다.

생선은 직접 요리하거나 중세 후기 대도시를 중심으로 늘어난 '식료품점'에서 가공된 식재료를 구입하기도 했다. 특히, 순례지로 향하는 길은 일 년 내내 순례자들이 지났기 때문에 지금으로 치면 기념품 상점이나 레스토랑 등이 늘어서 있었다.

같은 시기, 식료품점과 함께 '여관'도 발달했다. 중세 후기에는 단순히 잠만 자는 시설이 아니라 지역에 따라서는 대중탕이나 식당을 갖추고 호텔과 같은 서비스를 제공하는 시설로 진화했다. 다만, 이용객들과의 충돌도 급증하며 요청하지도 않은 서비스에 비싼 요금을 청구했다며 불만을 제기하는 사람도 적지 않았다고 한다.

혈기 왕성한 이용객들이 많았는지 여관 측의 대응에 거세게 반론하는 이들도 종종 있었다.

또 앞서 이야기한 식료품점과 여관의 '손님 잡기 경쟁'이 가열되면서 다툼이 일어나기도 했다. 싸움에 휘말린 손님으로서는 참으로 골치 아픈 상황이었을 것이다.

여관은 판타지 세계의 중요한 무대이기도 하다. 여관을 이용할 때는 '늘 주의를 잘 살피도록' 하자.

❧ 보존 식품

뜬금없지만 육포! 정말 맛있다!

여행할 때는 육포처럼 간단히 휴대할 수 있는 보존 식품의 존재를 빼놓을 수 없다. 도시 지역으로만 다니면 마을에서 식재료를 구할 기회가 많지만 사람이 살지 않는 장소를 지날 때는 어느 정도 식량을 준비해야 한다.

중세 유럽의 여행자라고 하면 '순례자(Pilgrim)'들이 떠오른다. 종교적으로 의미 있는 시설을 찾아가 신에게 기도하고 신앙을 공유하는 일련의 여행이다. 중세 유럽문학의 걸작으로 꼽히는 『캔터베리 이야기(The Canterbury Tales)』는 바로 그런 순례자들의 이야기이다.

가톨릭교의 3대 순례지인 로마(이탈리아), 산티아고 데 콤포스텔라(스페인), 예루살렘(이스라엘)으로 향하는 순례길은 어느 정도 정비가 되어 있다.

그중에서도 산티아고 데 콤포스텔라는 세계에서 가장 많은 순례자들이 찾는다. 순례자들은 프랑스 국내에 있는 4개의 길을 출발점으로 남하하는 경로를 따라 걷는다.

순례에 필요한 장비는 제각각이지만 그중에서도 중요도가 높은 것은 역시 식량이다. 육포, 치즈, 견과류, 딱딱한 빵, 훈제 생선(주로 대구 훈제)을 배낭에 채우고 길을 나섰다. 음료는 주로 와인이었지만 많이 마시지는 않았을 것이다.

순례지로 가는 길에 들른 마을에서 그때그때 식량 등을 보충하기도 했다. 마을마다 취급하는 종류는 다르지만 기본적인 물품은 갖추고 있었을 것이다.

또 오늘날의 '가이드북' 같은 것도 있었는데 큰 도시의 경우, 여관의 위치 등 순례자들에게 필요한 정보가 자세히 기록되어 있었다고 한다. 확실히 가이드북이 있으면 식량을 얼마나 조달하면 좋을지 예상이 가능하기 때문에 안심이 된다.

자아를 찾는 여행도 좋지만 역시 어느 정도 물리적인 목표를 가지고 여행을 하는 것이 가장 안전한 방법이 아닐까. 최소한 목적지 정도는 설정하고 여행을 나서는 것이 중요하다.

🌿 야외에서 불 피우기

음식에 관한 것은 아니지만 야영에 꼭 필요한 것이 있다면? 하고 물으면 어떤 대답이 나올까?

대개는 '식량과 불'이라고 대답할 것이다. 전기도 들어오지 않고 LED 램프도 없는 야외에서 밤을 보내려면 반드시 불을 피워야 한다.

숲이나 수풀 사이에서 모은 나뭇가지에 부싯돌로 불을 붙여 모닥불을 피우고 고기를 구우며 느긋하게 밤을 보내는……것은 그야말로 이상이다.

나 역시 그런 이상을 꿈꾸며 불 피우기에 도전해본 적이 있는데 나뭇가지를 모으는 순간부터 좌절했다(빠르다). 나뭇가지를 줍는 게 귀찮다거나 마땅한 것이 없어서가 아니라 '젖은 나뭇가지' 때문이었다. 비가 내린 후나 밤이슬에 젖은 나뭇가지는 불이 잘 붙지 않고 쉽게 꺼진다.

부싯돌로 불을 붙이는 것도 전문가가 아니고서는 상당한 시간이 걸릴 것을 각오해야 한다. 간신히 피운 불도 다음 날 아침 끌 생각을 하면 허무한 마음마저 든다.

애초에 밖에서 밤을 보낸다는 것은 '우리가 이곳에 있다'는 분명한 어필이다. 밤에 활동하는 도적이나 악당들의 눈에 띄면 곤경에 처하기 십상이다.

실제 중세 유럽에서는 '해가 지면 자는' 것이 당연한 일상이었다. 큰 도시에서는 종소리에 맞춰 불을 껐다는 기록도 있다.

야영할 때는 불씨와 귀중품 그리고 외부인에 주의하자.

🌿 귀부인의 금지된 사랑

중세 유럽 귀부인들의 인생은 우여곡절로 가득했다. 지금처럼 자유로운 연애는 커녕 가문의 존속을 위해 결혼하는 일이 보통이었기 때문에 정해진 상대가 아닌 다른 남성과의 밀회는 비극을 부를 뿐이었다.

하지만 어떤 위험을 무릅쓰고라도 사랑하는 사람과 함께하고 싶은 마음을 막을 수는 없는 법. 연인과의 밀회는 운명에 맞서는 일종의 모험이었다.

중세 중기 무렵부터 프랑스를 중심으로 유행한 '연애시(Minnesang)'는 금단의 사랑에 대한 열망을 노래했다.

이런 연애시에는 '과수원'이라는 단어가 자주 등장한다. 과수원은 말 그대로 과실나무가 열매를 맺는 장소이다. 크고 울창한 과실나무 아래에서 남들의 눈을 피해 밀회를 즐겼을 연인들의 모습이 그려진다.

밀회가 발각되면 단순히 헤어지는 것뿐 아니라 상대 남성이 목숨을 잃을 가능성도 있었기 때문에 연인들은 동이 트기 전에 헤어졌다고 한다. '알바(Alba)'라는 연애

시에는 '새벽이여, 어찌하여 이토록 빨리 오는가'라며 뜨는 해를 원망하는 듯한 구절이 있다.

당시 프랑스의 과수원은 사과·서양 배·마르멜로·석류 등과 함께 지역에 따라서는 포도를 재배하는 곳도 있었을 것이다.

🌿 여행지의 '물'

외국에 나가보면 알지만 물은 보통 사서 먹는다. 수도 설비가 잘 되어 있는 나라도 더러 있지만 대다수 나라에서 수돗물이나 우물물 혹은 지하수 등은 마시지 않는다.

...

특히 유럽의 물은 일본과 달리 마그네슘 성분이 많은 '센물'이기 때문에 간혹 배탈이 나는 사람도 있다.

중세 요리를 만들 때 종종 센물을 사용하기도 하는데 여기에는 이유가 있다. 센물이 재료의 떫은맛이나 고기의 누린내와 같은 잡냄새를 없애주는 역할을 한다. 단물과 센물은 특유의 향과 맛에 차이가 있다.

서양 판타지에서 가끔 '강물로 목을 축인다'는 표현이 나오는데 결론부터 말하면 충분히 가능한 일이다. 유럽은 높은 산을 타고 흐르는 깨끗한 천연수를 사용하기 때문에 강물을 그대로 마시는 일도 많다고 한다. 다만 앞서 말했듯이 마그네슘 함량이 많은 '센물'이기 때문에 지나치게 마시는 것은 주의하는 편이 좋다.

🌱 귀부인과 향신료

은은한 향이 풍기면 상대에 대한 호감이나 매력이 더욱 커지는 법이다. 중세에도 여성의 향기에 매료되는 남성이 많았을 것이다.

향수가 본격적으로 생산된 시기는 중세 말기부터 르네상스 이후라고 알려진다. 물론, 그전에도 향이 나는 성분을 몸에 지니는 문화가 있었다.

향신료 수입이 크게 늘었던 중세 유럽에서는 방향성이 있는 향신료를 주로 이용했다.

15세기 무렵의 한 상류층 여성은 아침에 일어나 간단한 빗질과 세안을 마친 후 시종이 입혀주는 옷을 입고 머리를 매만진 후 클로브 알갱이 몇 알을 머리칼 사이에 넣고 밖으로 나섰다.

여왕 엘리자베스 1세도 최고급 향신료인 '그레인 오브 파라다이스'의 향을 무척 좋아했다고 한다. 오늘날의 향수와는 다르지만 방향성이 강한 향신료 등을 몸에 지녔던 것은 분명하다.

머리칼 사이에 넣는 것이 불편하다면 작은 마 주머니에 좋아하는 향신료를 살짝 으깨어 넣고 벨트에 걸어도 좋다. 판타지 풍으로 묘사하면 '그녀의 첫인상은 어딘지 모르게 마음이 편안해지는 향신료 향이었다. 벨트에 걸린 마 주머니가 흔들릴 때마다 은은한 향기가 주위를 감쌌다' 이런 느낌이 아닐까?

우리가 알고 있는 '향수'는 중세 말기부터 르네상스 이후에 비약적으로 발달했다. 향기의 종류도 중동에서 들어온 향신료에서 달콤한 향이 나는 장미나 제비꽃 등의 꽃 향기로 바뀌었다.

지금은 좋아하는 향을 마음껏 고를 수 있는 시대이다. 이 모든 것이 끊임없이 '아름다움'을 추구해온 선인들 덕분이라고 해도 과언이 아닐 것이다.

Chapter 2

새하얀 보석의 달콤한 유혹

~요리 입문 2단계~

오늘날 슈퍼마켓에서
쉽게 구할 수 있는 설탕.
정제 기술이 발달하지 않았던 중세 유럽에서
그 달콤한 맛을 즐길 수 있었던 것은
상류층뿐이었다.
단맛을 줄인 '역사 속 디저트'의 세계를 소개한다.

원파운드 케이크

15세기 이후 | 잉글랜드 외

　지금의 파운드케이크는 버터, 밀가루, 달걀, 설탕을 각각 1파운드씩 사용해 만든 커다란 케이크를 말하며 중세의 조리법에서 유래했다. 본래 케이크(Cake)는 부드러운 스펀지 형태의 서양과자를 가리키는 것 외에도 파운드케이크처럼 묵직하거나 납작하게 만든 빵의 명칭으로도 쓰였다.

　'파운드'는 중량의 단위인 '파운드(Pound, 약 450 g)'를 뜻한다. 이번에는 기억하기 쉽게 모든 재료의 분량을 100 g 씩으로 조정했다.

재 료

- 버터 · 100 g
- 박력분 · 100 g
- 달걀 · 2개
- 설탕 · 100 g   균일가 생활용품점에서 파는
- 파운드 케이크 틀 · · · · · · · · · · · · · · · · · 1개   종이 타입도 OK
- 커런트 · 적당량   기호에 맞게 조절한다

 조리 방법

1. 볼에 실온에 놓아둔 버터를 넣고 설탕을 2~3회씩 나눠 넣으며 잘 섞는다.

2. 하얗게 될 때까지 계속 섞는다. 핸드믹서가 있으면 편하지만 중세의 방식대로 만들려면
   거품기를 사용한다.

3. 풀어놓은 달걀을 2회에 나눠 넣고 계속 섞는다.

4. 박력분은 미리 2회 정도 체에 쳐서 준비한다.

5. 3의 볼에 박력분을 2~3회에 나눠 넣고 커런트도 넣어 주걱으로 대강 섞는다.

6. 파운드 케이크 틀에 붓고 바닥에 여러 번 가볍게 내리쳐 공기를 뺀다.

7. 200℃로 예열한 오븐에 넣고 약 40분간 굽는다.

8. 일단 오븐에서 꺼내 불룩하게 솟아오른 부분에 칼집을 넣고 다시 20분가량 굽는다.

9. 완성되면 식힘망이나 냄비 받침 등에 올려 한 김 식힌 후 하루 이상 숙성시킨다.

10. 케이크 윗면에 잼을 바르면 윤기도 나고 단맛도 더할 수 있다.

> 단맛을 더하거나 윤기를 낼 때 빠지지 않는 잼.
>
> 유럽 내에서도 잉글랜드와 프랑스를 중심으로 비교적 이른 시기에 발달했다.
> 특히 프랑스는 소스 개발에 매우 앞서 있었던 만큼 '요리에 어울리는 소스'에 대
> 한 분석도 적극적으로 이루어졌을 것이다.
>
> 달콤한 소스, 매콤한 소스 등 재료에 따라 다양한 소스를 곁들이게 된 것도 잼
> 이 있었기 때문이 아닐까.

레몬 케이크

15세기 | 남유럽(변형)

이름은 '케이크'이지만 소프트 쿠키에 가깝다.

레몬즙을 넣어 상큼한 맛이 난다.

당시에는 쿠키 틀 같은 것이 없었지만 칼이나 밀대 등으로 능숙하게 모양을 만드는 요리사도 있었다고 한다. 여기서는 귀부인이 먹기 쉽게 타원형으로 만들었다.

폭신한 식감을 더하기 위해 본래 레시피에 베이킹파우더를 추가했다.

재 료

- 버터·······························40 g
- 설탕·····························30 g
- 달걀노른자························3개
- 레몬 껍질·······················1/3개
- 레몬즙··························1/3개
- 베이킹파우더·····················1/2작은술
- 뜨거운 물·······················1큰술
- 시나몬 파우더····················1/4작은술
- 너트맥··························1/4작은술
- 사프란··························조금(없어도 된다)
- 박력분··························150 g
- 꿀·····························1큰술
- 소금····························조금

단맛을 더하려면 50 g 을 넣는다

시나몬 파우더와 너트맥은 클로브와
메이스 1/4작은술로 대체 가능

 **조리 방법**

1. 볼에 실온에 둔 버터와 설탕을 넣고 하얗게 될 때까지 거품기로 섞는다.

2. 달걀노른자를 넣고 계속 섞는다.

3. 베이킹파우더에 뜨거운 물을 넣고 가볍게 저어 2의 볼에 넣는다.

4. 잘게 다진 레몬 껍질, 소금, 향신료류, 레몬즙, 꿀도 함께 넣고 섞는다.

5. 마지막으로 박력분을 넣고 자르듯이 섞는다.

6. 반죽을 랩으로 감싸 원통 모양으로 성형한 뒤 냉장고에서 1시간 정도 휴지시킨다.

7. 냉장고에서 꺼낸 반죽은 한 입 크기로 잘라 쿠킹 페이퍼에 어느 정도 간격을 띄워 올린다.
   반죽 위에 랩을 덮고 머그컵 바닥 등으로 가볍게 눌러 모양을 정돈한다.

8. 150℃ 정도로 예열한 오븐에 넣고 180℃로 온도를 올려 20~25분 굽는다.

9. 다 구워지면 오븐에서 꺼내 한 김 식힌다. 단맛이 부족할 때는 꿀이나 잼을 곁들이면 좋
   다.

켈트 스타일 쇼트 브레드

중세 후기 | 북유럽(변형)

일반적인 쇼트 브레드와 만드는 방법은 크게 다르지 않지만 설탕의 종류를 상백당보다 단맛이 강한 삼온당으로 변경했다. 켈트 민족이 살았던 북방 지역에서는 단맛이 강한 음식을 선호했을 것이다. 십자가 모양의 틀을 사용해 만들어도 좋다.

재료

- 버터 · · · · · · · · · · · · · · · 180 g
- 삼온당 · · · · · · · · · · · · 100 g
- 박력분 · · · · · · · · · · · · 220 g
- 기호에 따라 혼합 향신료
  (시나몬, 생강, 너트맥) · · · · · · · · ·
  · · · · · · · · · · · · 각 1/4작은술
- 클로브 · · · · · · · · · · · · 1/2작은술

조리 방법

1. 볼에 실온에 둔 버터와 삼온당을 넣고 하얗게 될 때까지 잘 섞는다.

2. 박력분을 1/3 정도만 넣고 자르듯이 가볍게 섞는다. 반죽이 뭉쳐지면 나머지 박력분과 클로브를 넣고 섞는다. 지나치게 섞으면 찰기가 생겨 바삭한 맛이 없어지니 주의하도록 하자.

3. 사각 틀에 반죽을 붓고 180℃로 예열한 오븐에서 30~40분 정도 굽는다.

4. 다 구워지면 적당한 크기로 자른다.

포커라운스
Pokerounce

14세기 | 잉글랜드 외

중세의 허니 토스트라고 할 수 있다. 흰 빵을 사용하는 것이 특징이다.

중세 유럽의 주식이었던 빵은 계급에 따라 종류가 크게 달랐다. 국왕이나 귀족들만 먹을 수 있는 최고급 흰 빵에 꿀을 뿌려 먹는다는 것은 당시로서는 최고의 사치였다. 견과류도 함께 곁들이면 좋다.

재 료

- 꿀 · 20 g

  가능하면 백화밀(여러 꽃에서 딴 꿀)
  을 사용하면 good

- 혼합 견과류(무염) · · · · · · · · · · 적당량
- 향신료류(시나몬, 생강) · · · · 각 1/4작은술
- 흰 빵 혹은 식빵 · · · · · · · · · · · · · 2장

조리 방법

1. 작은 냄비에 꿀을 넣고 약한 불로 데운다. 향신료류를 넣고 가볍게 섞는다.

2. 빵을 먹기 좋은 크기로 자르고(4등분이 적당) 토스터 혹은 프라이팬에 표면이 노릇해질 때까지 굽는다.

3. 거칠게 으깬 혼합 견과류를 빵 위에 올리고 따뜻하게 데운 꿀을 끼얹는다.

4. 따뜻할 때 접시에 담아낸다.

와플

15세기 | 독일 외(변형)

　요즘도 가끔 거리에서 볼 수 있는 '벨기에 와플'과 비슷한 레시피가 중세 후기에도 있었다. 고대 그리스의 '오벨리오스(obelios)'라고 불리는 과자가 원형이다. 보기에는 팬케이크처럼 생겼지만 쫀득한 식감이 특징이다. 부드러움을 더하기 위해 생크림을 넣었다.

재 료

- 박력분 · 100 g
- 생크림 · 100 cc
- 달걀노른자 · 2개
- 설탕 · 20 g
- 로즈워터 혹은 물 · 1큰술
- 소금 · 조금
- 올리브 오일 혹은 식물성 기름 · · · · · · · · · · · · · 적당량
- 더치 오븐 뚜껑(없어도 무관)

 조리 방법

1. 볼에 박력분, 생크림, 달걀노른자를 넣고 잘 섞는다.

2. 설탕을 조금씩 나눠 넣으며 반죽에 섞는다. 로즈워터(물)와 소금을 넣고 섞는다. 국자 등
   으로 떠서 걸쭉하게 흘러내릴 정도면 OK. 반죽이 묽으면 박력분, 되면 물을 추가해 농도
   를 조절한다.

3. 프라이팬에 올리브 오일(혹은 식물성 기름)을 두르고 반죽을 부어 약한 불에서 굽는다.
   반죽 가장자리가 익으면 뒤집어 3~5분 정도 굽는다.

4. 완성되면 접시에 담고 잼이나 휘핑크림 등을 곁들인다.

더치 오븐 뚜껑

　더치 오븐은 굽거나 끓이는 모든 요리에 활용할 수 있는 만능 냄비로 '뚜껑'도
유용한 조리 도구가 된다.

　뚜껑을 뒤집어 불에 올리면 무쇠 프라이팬으로 쓸 수 있다. 금세 뜨겁게 달궈
지고 천천히 식기 때문에 구이 요리 등에 적합하다.

　짐이 많아 프라이팬이나 스킬렛을 가져가지 못할 때는 더치 오븐 뚜껑도 함께
활용한다.

레몬 프리터

중세 전기 이후 | 남유럽

튀김 과자의 일종으로, 일반 튀김 요리와 만드는 방법이 거의 같다.

레몬 프리터는 주로 사순절에 먹었을 것이다. 레몬과 식물성 기름을 사용하기 때문에 금지된 식재료를 쓰지 않고도 만들 수 있다.

재 료

- 얇게 썬 레몬 · · · · · · · · · · 1/2개
- 소금 · · · · · · · · · · · · · · · · · 조금
- 박력분 · · · · · · · · · · · · · 150 g
- 물 · · · · · · · · · · · · · · · · · 3/4컵
- 튀김용 기름 · · · · · · · · · · 적당량

식물성 기름 추천

조리 방법

1. 끓는 물에 얇게 썬 레몬을 넣고 10분 정도 끓인다.

2. 레몬을 꺼내 체에 받친 상태에서 조금 식힌다. 레몬을 끓인 물은 버린다.

3. 볼에 박력분, 소금, 차가운 물을 넣고 잘 섞어 튀김옷을 만든다.

4. 물기를 뺀 레몬에 튀김옷을 입히고 180℃로 가열한 기름에 바삭하게 튀겨낸다.

5. 기호에 따라 설탕을 뿌려도 좋다.

크리피스
Cryppys

'튀김 과자'를 말한다. 도넛의 원형에 가깝다는 설이 있다. 참고로, 도넛의 기원은 네덜란드로 알려져 있다.

재 료

- 박력분 · · · · · · · · · · · · · · · · · 80 g
- 달걀흰자 · · · · · · · · · · · · · · · 1개
- 물 · · · · · · · · · · · · · · · · · · 1/3컵
- 꿀 · · · · · · · · · · · · · · · · · · 1큰술
- 튀김용 기름 · · · · · · · · · · · · · · 적당량

식물성 기름 추천

조리 방법

1. 볼에 모든 재료를 넣고 살 섞는다.

2. 200℃로 가열한 기름에 스푼 등으로 반죽을 떠서 넣는다. 바삭하게 튀겨지면 키친페이퍼에 올려 기름을 제거한다.

3. 기호에 따라 설탕이나 시나몬을 뿌려도 좋다. 따뜻할 때 접시에 담아낸다.

스노 & 스노 토핑

15세기 | 북유럽

'눈처럼 새하얀' 크림 타입의 디저트이다.

잼이나 소스 등을 곁들여 먹으면 더욱 맛있다.

로즈워터가 들어가는 것을 보면 귀부인들이 즐겨 먹던 고급 디저트가 아니었을까.

재 료

《스노》
- 달걀흰자 · 4개
- 생크림 · 100 ㏄
- 설탕 · 60 g
- 로즈워터 혹은 물 · 1큰술

그래뉴당 추천. 상백당으로 대체 가능

《스노 토핑》
- 냉동 딸기 · 약 50 g
- 레드 와인 ·1/2컵
- 설탕 · 30 g
- 시나몬 · 생강(분말) · · · · · · · · · · · · · · · · · · · 1작은술

생 딸기도 가능

스노 조리 방법

1. 볼에 달걀흰자를 넣고 거품기나 핸드 믹서를 이용해 단단한 거품을 만든다.

2. 다른 볼에 생크림과 설탕을 넣고 휘저어 거품을 만든다. 조금 부드러워도 OK.

3. 거품을 낸 달걀흰자와 생크림을 한데 섞는다. 자르듯이 가볍게 섞는다.

4. 로즈워터(물)를 넣고 오목한 접시에 담아낸다. 토핑으로 딸기 소스를 곁들이면 좋다.

스노 토핑 조리 방법

1. 작은 냄비에 적당한 크기로 썬 딸기(냉동 딸기의 경우 그대로 사용해도 좋다)와 레드 와인, 설탕, 향신료류를 넣고 약한 불에서 걸쭉해질 때까지 끓인다. 쉽게 타기 때문에 계속 저어주어야 한다.

2. 그릇에 옮겨 담고 한 김 식으면 냉장고에 넣어 차게 식힌다.

3. 스노 위에 올린다.

파인 케이크

16세기 | 잉글랜드 외(변형)

16세기 후반의 레시피이다. 르네상스 이후부터 향신료를 사용한 레시피가 점차 줄어드는 대신 손쉽게 구할 수 있게 된 설탕의 양이 늘어난 것이 이 시대의 특징이다. 현대 제과 기법의 기초를 다진 레시피도 이때 만들어졌다고 한다.

재 료

- 박력분 · 120 g
- 설탕 · 60 g
- 녹인 버터 · 4큰술   무염으로
- 클로브 · 메이스 · 사프란 · · · · · · · · · · · · · · · · 약간
- 소금 · 1/4작은술
- 달걀노른자 · 2개
- 로즈워터 · 2작은술   물로 대체 가능
- 드라이이스트 · 1작은술
- 미지근한 물 · 2작은술   30℃ 전후가 좋다

조리 방법

1. 작은 볼에 드라이이스트와 미지근한 물을 넣고 섞는다.

2. 큰 볼에 박력분, 설탕, 향신료류, 소금을 넣는다. 실온에 둔 버터를 넣고 잘 섞는다.

3. 다른 볼에 달걀노른자와 로즈워터를 넣어 섞은 뒤 1과 섞는다.

4. 2와 3을 한데 섞어 반죽한다. 반죽이 묽으면 박력분을 추가하고, 되면 물 1작은술을 넣어 농도를 조절한다.

5. 밀대로 반죽을 늘린 후 정사각형이나 직사각형으로 칼집을 넣는다. 오븐용 팬에 쿠킹 시트를 깔고 반죽을 올린 후 170℃로 예열한 오븐에서 15~20분 정도 굽는다. 황금빛이 돌 정도로 구워주면 좋다. 윗면이 탈 것 같으면 알루미늄 호일 등을 덮어준다.

6. 다 구워지면 한 김 식혀 접시에 담는다.

삼보케이드
Sambocade

14세기 | 잉글랜드

초여름이면 유럽 전역에서 꽃을 피우는 엘더 플라워(Elder Flower)를 넣은 치즈 타르트이다.

엘더 플라워는 허브의 일종으로 머스캣과 같은 단맛이 나는 것이 특징이다. 고대부터 감기약으로 사용되기도 했다.

재 료

- 코티지 치즈 · · · · · · · · · · · · · · · 40 g
- 설탕 · 30 g
- 달걀흰자 · · · · · · · · · · · · · · · · · · 3개
- 건조 엘더 플라워 · · · · · · · · · · · · 2큰술

  허브티 분말로 대체 가능. 없으면 다른 꽃(허브)도 OK

- 로즈워터 혹은 물 · · · · · · · · · · · · 1큰술
- 로열 파이 크러스트 · · · · · · · · · · · 1장

만드는 방법은 84쪽 참조.

조리 방법

1. 볼에 모든 재료를 넣고 섞는다.

2. 파이 크러스트에 반죽을 붓고 170℃로 예열한 오븐에서 50~60분가량 표면이 노릇해질 때까지 굽는다.

3. 완성되면 한 김 식혀 접시에 담는다.

치유 약초와 중세의 음식
~약용 허브의 존재~

    중세의 음식에 관심을 갖기 시작했을 무렵, 허브를 이용한 요리에 대해서도 조사한 일이 있다. 판타지 마니아에서 이쪽 세계로 뛰어들었기 때문에 '중세 유럽은 허브를 많이 사용했다'는 생각이 머릿속에 있었다. 조사해보니 허브의 세계가 실로 심오하다는 것과 '서양 판타지의 세계가 곧 중세 유럽의 모습은 아니다'라는 사실을 새삼 깨달았다.

    허브는 당시 사람들에게 매우 소중하고 함부로 쓸 수 없는 식재료였다. 판타지는 판타지일 뿐, 판타지와 실제 중세 유럽의 모습은 달랐던 것이다. 얕은 지식으로 선인들에 실례를 범했다는 생각에 깊이 반성했다.

    고대 이집트와 메소포타미아 때부터 허브를 사용한 기록이 남아 있으며 고대 그리스 무렵에는 자세한 이용 방법까지 기록되어 있다. 허브는 약초로 쓰였으며 종류에 따라서는 사용이 금지된 것도 있었다. 중세 유럽에는 수도원을 중심으로 재배되었다.

    고대 그리스의 의사 갈레노스가 제창한 '4체액설'은 중세 유럽의 음식과 허브에도 큰 영향을 미쳤다. 4체액이란 '피, 점액, 황담즙, 흑담즙'을 가리키며 각각 '열·냉·습·건'의 성질을 지닌다. 이런 성질이 균형을 이루어야 건강을 유지할 수 있다는 주장이었다. 허브를 이용한 치료와 식이요법도 이런 흐름을 따르고 있다. 함부로 배합해서는 안 된다는 것이다.

    중세 전기 프랑크 왕국의 카를 대제(샤를마뉴)도 허브에 깊은 관심을 보였다. 카를

· · ·

대제가 발행한 「국가재산조례(Capitulare de villis)」 제70조에는 허브에 관한 기술이 남아 있다.

73종의 허브와 화초를 비롯한 16종의 수목 등 오늘날에도 재배되는 종류가 다수 기록되어 있다.

약으로 쓰는 것 외에도 식재료로서의 가치에도 주목했던 듯하다. 예컨대 과수원에서는 '용도에 따라' 네 가지 품종의 사과를 재배하게 했다. 보존용·바로 먹을 수 있는 것·산미가 있는 것·단맛이 있는 것 등. 중세 전기에 이 정도까지 세분화되어 있었다는 사실이 놀라울 따름이다.

그 후, 또다시 허브 이용에 진화를 가져온 인물이 12세기 중세 독일의 수녀인 힐데가르트 폰 빙엔(Hildegard von Bingen)이다. 그녀는 독일 약초학의 조상으로 일컬어지며 현대 의학에도 많은 영향을 미쳤다. 워낙 박학다식했기 때문에 허브 이용에 관한 지식을 전파하는 일 외에도 작곡을 하거나 작가로 활동하는 등 다방면에서 활발한 활동을 전개했다고 한다. 지금도 독일 각지에서는 그녀가 세상을 떠난 9월 17일 힐데가르트를 기리는 순례 행사가 열린다.

중세 후기가 되면 곳곳에서 허브에 대한 기록이 등장하는데 가장 대표적인 책이 『건강전서(Tacuinum Sanitatis)』이다. 이 책에는 채소, 허브, 과일, 곡물 등의 풍부한 삽화와 함께 4체액설을 바탕으로 한 허브 섭취 방법 등도 실려 있다.

현대에도 체내의 영양 밸런스가 무너지면 병에 걸리고 컨디션이 악화된다. 인간의 체내 밸런스가 얼마나 중요한지를 여실히 보여주는 책이라고 생각한다.

허브를 식이요법에 이용할 때는 주로 말린 상태에서 재료에 섞거나 다른 향신료와 조합해 사용했다.

갓 딴 신선한 허브가 약효가 더 좋을 것 같지만 대부분의 식재료를 익혀먹었기 때문에 생 허브를 그대로 먹는 경우는 거의 없었다(치료용 식사는 제외).

그렇다면 생 허브는 단순히 말려서만 사용했을까?

갓 딴 허브는 뭐니 뭐니 해도 신선한 초록 잎과 작은 과실 그리고 건조 허브보다 뛰어난 방향성이 특징이다. 또 액을 쫓는 의미로도 쓰였기 때문에 의식이나 행사에 사용되기도 했을 것이다.

귀족의 연회에서는 로즈마리나 민트 등 방향성이 뛰어난 생 허브를 현관 앞에 뿌려놓고 손님들이 밟고 들어오도록 해 허브 향을 퍼트렸다. 중요한 연회에 앞서 액을 쫓는 의미도 있었을 것이다. 로즈마리는 성모 마리아의 가호가 깃든 허브로 알려지며 액을 쫓는 효력도 있었다고 한다. 그 밖에도 회향(fennel), 운향(wijnruit) 등이 액을 쫓는 용도로 쓰였다.

한편, 식사가 시작되기 전 미온수에 로즈마리 등을 넣은 향기로운 허브 워터에 '손을 씻는 의식'도 있었다. 오늘날 '핑거 볼'의 기원이다. 나도 재현해본 적이 있는데 향긋한 허브 향이 손끝에 퍼지며 기분까지 좋아졌던 기억이 있다.

이처럼 허브는 약초는 물론 식용으로도 널리 쓰였지만 용법과 용량 그리고 '효능'에 대한 지식이 반드시 필요하다. 간혹 치명적인 허브도 있기 때문이다.

독초는 가벼운 식중독을 일으키는 것부터 아주 적은 양으로도 치명적인 영향을 미치는 것도 있다. 심지어 독초인 줄 알면서 사용한 일도 있었다.

대표적인 예가 '벨라돈나(Belladonna)'라고 불리는 가짓과의 약초이다. 중세 후기부터 르네상스 시대의 귀족 여성들은 앞 다투어 벨라돈나 추출액을 사용했다. 눈에 넣으면 일시적으로 동공이 확대되기 때문에 눈동자를 매혹적으로 보이게 했다.

벨라돈나는 'Deadly nightshade, 새벽의 죽음'으로 불릴 만큼 독성이 강한 약초

이다. 잎을 만지기만 해도 발진이 생기고 매끈한 검은 열매를 먹으면 몸이 한순간에 마비된다.

이렇게 강한 독성을 무릅쓰고 아름다움을 추구한 여성들이 한편으로는 대단하단 생각이 들었다.

현재도 방충제로 쓰이는 탄지, 헨루더, 페니 로열민트 등에도 유독 성분이 포함되어 있다. 방충제나 인테리어 용도라면 아무 문제없지만 무심코 입에 넣었다간 독성이 나타날 수 있다.

직업 특성상 여기저기에서 허브를 많이 받는다. 대부분 드라이 허브로 만들어 거실이나 현관에 걸어 둔다(허브뿐 아니라 식물이라면 뭐든 말린다).

곳곳에 걸어놓으면 '약초 마녀의 방?'이라는 소리를 듣기도 한다. 새 허브가 들어오면 오래된 말린 허브를 태워 대지로 돌려보내는 '의식(※)'을 한다. 허브를 태우고 남은 재는 베란다에서 키우는 새로운 허브의 비료로 쓴다. 약초를 키워낸 대지에 감사하는 마음을 잊지 않기 위해서이다.

허브가 없었다면 오늘날 약도 없었을 것이다. 선인들의 꾸준한 의료 연구가 있었기에 현대 의학이 발전할 수 있었다고 생각한다.

대지로 돌려보내는 의식

개인적으로 붙인 이름이다. 모닥불을 피울 때는 오래된 허브도 함께 넣어 태운다. 단, 여러 종류의 허브를 한꺼번에 태우면 이상야릇한 향이 날 수 있기 때문에 '하루에 한 종류'만 태운다. 여름밤에 태우면 방충 효과도 뛰어나다.

Chapter 3

대대로 누리는 과실의 축복

~요리 입문 3단계~

중세 유럽 요리에 빼놓을 수 없는 과일.
과수원 가득 열린 사과며 서양 배 그리고 나무 열매 등은
신으로부터 받은 소중한 식재료였다.
지금처럼 일 년 내내 쉽게 구할 수는 없지만
탐스러운 열매를 맺는 나무들을 바라보며
계절의 변화를 느꼈을 것이다.

사과 무스

15세기 | 잉글랜드 외

지금의 '무스(Mousse)'는 17세기경 프랑스에서 탄생한 디저트로 거품처럼 부드러운 식감이 특징이다. 16세기 이전에도 '무스'와 비슷한 이름의 요리가 몇 가지 있었지만 형태는 전혀 다르다.

 ### 재 료

• 붉은 사과 · 2개   산미가 있는 사과를 사용하면
                                                            좋다. 홍옥, 조나골드 등
• *아몬드 밀크 · 1컵
• 꿀 · 1큰술   단맛을 더하려면 2큰술
• 빵가루 · 2큰술
• 소금 · 조금   고운 가루 추천
• 사프란 · 한 자밤   없어도 OK
• *레드 샌들우드 분말 · · · · · · · · · · · · · · · · · · 1작은술

조리 방법

1. 사과는 껍질을 벗겨 씨를 제거하고 1㎝ 크기로 깍둑썰기한다. 소금물에 살짝 담갔다 물기를 제거한다.

2. 냄비에 사과를 넣는다. 사과가 잠길 정도의 물을 붓고 부드러워질 때까지 끓인다.

3. 사과를 끓이는 동안 다른 냄비에 아몬드 밀크, 빵가루, 소금, 꿀, 사프란, 레드 샌들우드 분말을 넣고 약한 불에서 끓지 않을 정도로 데운다.

4. 부드럽게 끓인 사과를 3에 넣고 잘 섞는다. 으깨듯 섞어주면 더욱 부드러운 식감을 즐길 수 있다.

5. 따뜻할 때 접시에 담아낸다.

✳ 레드 샌들우드(Red sandalwood)

자단향 나무에서 추출한 천연 색소. 인도 남부가 원산지로 14세기 무렵 유럽에 수입(상당히 고가였을 것)되었던 것으로 보인다. 음식에 넣으면 분홍빛으로 물든다.

향료로 유명한 '샌들우드(sandalwood, 백단)'와 다른 종류이므로 주의하자.

✳ 아몬드 밀크

중세 유럽에서는 우유보다 쉽게 만들 수 있는 아몬드 밀크를 주로 이용했다.

요즘은 슈퍼마켓에서도 아몬드 밀크를 구입할 수 있지만 유화제나 비타민제 등의 첨가물이 들어 있기 때문에 솔직히 추천하지 않는다. 충실한 재현을 위해서라면 다소 수고스럽지만 '천연 아몬드 밀크'를 직접 만들어보자.

아몬드 밀크 만드는 방법

1. 생 아몬드 1컵(구운 아몬드도 가능)을 물에 담가 10~12시간가량 불린다.

> 물에 담그는 이유는 아몬드를 부드럽게 만드는 것 외에도 '효소 저지물질'을 제거해 보존 상태를 높이기 위해서이다. 이 과정을 잘 해주지 않으면 몸에 좋지 않은 물질을 그대로 섭취할 수 있으니 주의하도록 하자

2. 불린 아몬드는 체에 밭쳐 물기를 뺀다. 블렌더나 믹서기 등에 불린 아몬드, 소금 약간, 물 1컵을 넣고 갈아준다.

3. 거즈를 깐 체에 밭쳐 10분 정도 걸러주면 완성. 최대한 빨리 사용한다.

> 체에 거르고 남은 찌꺼기는 프라이팬에 볶아 수분을 날린 후 아몬드 파우더로 사용한다. 마지팬 등을 만들 때 써도 좋다

램즈울
Lambswool

15세기 | 잉글랜드 외(변형)

귀족부터 서민에 이르기까지 폭넓은 사랑을 받은 중세 유럽의 음료이다.

따뜻하게 데운 애플 사이다에 새하얀 크림을 올린 음료로 '새끼 양의 털처럼 부드러운' 음료라 하여 이런 이름이 붙었다고도 한다.

몸을 따뜻하게 데워주는 각종 향신료가 들어 있어 추운 겨울에 마시기 좋은 음료이다.

재 료

- 애플 사이다(과즙 100%)··················500㏄
- 사과··························1/2개
- 생강······················1/8작은술
- 클로브·····················1/4작은술
- 생크림······················50㏄
- 설탕·························10g
- 소금·시나몬··············조금(기호에 따라)

조리 방법

1. 사과는 절반은 잘게 썰고 나머지 절반은 갈아서 준비한다.

2. 작은 냄비에 애플 사이다를 넣고 약한 불에서 끓지 않게 주의하며 데운다.

3. 볼에 생크림, 설탕, 소금을 넣고 거품기로 저어서 조금 단단한 거품을 만든다.

4. 2의 냄비에 잘게 썬 사과와 갈아놓은 사과(과즙 포함)를 넣고 한소끔 끓인다.

5. 향신료류를 넣고 섞는다.

6. 따뜻할 때 머그컵 등에 따른 후 생크림을 얹는다.

7. 기호에 따라 시나몬을 뿌린다.

8. 바닥에 가라앉은 사과도 함께 먹는다.

사과 타르트

14세기 | 잉글랜드

사과를 이용한 타르트 레시피는 꽤 많이 남아 있다. 여기서는 14세기 잉글랜드의 레시피를 소개한다. 사과와 함께 다른 계절 과일을 넣어서 만들어도 좋다.

재 료

- 붉은 사과 · 2개   홍옥 등
- 건무화과 · 1/2컵
- 커런트 · 1/4컵   뜨거운 물에 잠시 담가 유분을
- 시나몬 · 1/4작은술   제거한다
- 클로브 · 1/4작은술
- 너트맥 · 1/4작은술
- 녹인 버터 · 1큰술
- 설탕 · 1작은술   가능하면 그래뉴당
- 시판 타르트 시트 · · · · · · · · · · · · · · · · · 1개

 조리 방법

1. 사과 3/4개 분량은 잘게 썰고 나머지는 장식용으로 얇게 썬다.

2. 건무화과도 잘게 썬다. 볼에 잘게 썬 사과, 건무화과, 커런트를 넣고 가볍게 섞는다.

3. 녹인 버터, 설탕, 향신료류를 넣고 대강 섞은 후 타르트 시트에 붓는다. 시트를 바닥에 가
   볍게 내리쳐 표면을 매끄럽게 정돈한다. 남은 혼합 향신료가 있으면 굽기 전에 조금 뿌려
   도 좋다.

4. 장식용으로 얇게 썬 사과를 올리고 170℃로 예열한 오븐에서 약 35~40분 굽는다.

5. 한 김 식혀 접시에 담는다.

이번에는 시판 타르트 시트를 이용했지만 중세 유럽의 타르트 시트에 도전하
고 싶다면! 84쪽의 조리법을 참고하면 된다. 당시에는 타르트 시트를 '접시'로 이
용하기도 했다. 먹을 수는 있지만 너무 딱딱할 때는 내용물을 먼저 먹고 남은 타
르트 시트를 우유 등에 적셔 시리얼처럼 먹어도 좋다.

로열 파이 크러스트

중세 중기 이후 | 북유럽 중심

중세 유럽의 타르트·파이 시트는 바삭하지 않고 단단하게 구워내는 것이 일반적이었다. 중세 전기에는 '내용물만 먹는' 관습이 있었기 때문에 시트는 접시로만 사용했다.

시판 냉동 파이 시트를 사용해도 좋지만 버터나 보존료 등이 들어 있기 때문에 필링(타르트나 파이 시트에 채우는 충전물)에 따라서는 어울리지 않는 것도 있다.

조금 수고스럽지만 직접 만들어 사용하는 것을 추천한다.

재료(타르트 틀 1장 분량)

- 강력분 · 110g
- 버터 · 60g
- 달걀노른자 · 1개
- 소금 · 조금   단맛을 더하려면 설탕 1작은술
                                                                                          추가

 조리 방법

1. 버터를 주사위 크기로 썰어 전자레인지에 10초가량 데운다(살짝 녹을 정도).

2. 볼에 1의 버터와 달걀노른자, 소금을 넣고 하얗게 될 때까지 거품기로 잘 섞는다.

3. 강력분을 2~3회에 나눠 넣고 계속 섞는다(약 10~15분).

4. 반죽이 뭉쳐지면 사각형으로 다듬어 랩으로 감싼다. 냉장고에서 약 1시간 휴지시킨다.

5. 반죽을 밀대로 얇게 밀어 파이 틀(혹은 타르트 틀)에 씌운다.

6. 시트 바닥에 포크로 구멍을 여러 개 뚫고 160~170℃로 예열한 오븐에서 약 40분 굽는다. 한 김 식히면 완성.

오븐을 이용한 요리가 많다. 과자를 많이 구워본 사람이라면 '온도가 너무 낮은 것 아닌가?'라는 생각이 들 수 있다. 확실히 200℃ 이상에서 굽는 레시피는 거의 없고 보통 160~180℃로 설정한다.

당시 사용했을 '가마'의 온도는 그리 높지 않았을 것이다. 정확한 시간을 재는 것도 쉽지 않은 시대였기 때문에 음식을 꺼내는 타이밍도 직접 눈으로 확인했을 것이다.

아니스와 사과를 넣은 타르트

중세 전기 | 잉글랜드·프랑스 외

아니스(Anise)는 고대 이집트 때부터 향료로 쓰이던 허브의 일종이다. 단맛이 나기 때문에 디저트류에 자주 쓰였다. 영국에서는 13세기 무렵부터 일부 수도원에서만 재배되었기 때문에 대부분 수입에 의존했다. 왕궁 요리·상류층 요리에 주로 등장한다.

재 료

- 푸른 사과 · 2개   왕림 품종 등
- 꿀 · 1/2컵
- 사프란 · 한 자밤   혹은 황색 천연 색소
- 후추 · 1/2작은술
- 소금 · 조금
- 아니스 씨 · 1/4작은술   혹은 전립분(통밀가루)
- 박력분 · 80 g
- 로열 파이 크러스트 · · · · · · · · · · · · · · · · · · · 1장   시판 타르트 시트도 OK. 단맛
이 적은 것이 좋다.

 조리 방법

1. 사과는 껍질을 벗겨 씨를 제거하고 한입 크기로 썬다. 냄비에 넣고 사과가 반쯤 잠길 정도로 물을 부어 부드러워질 때까지 끓인다.

2. 부드러워진 사과를 꺼내 믹서 혹은 푸드 프로세서에 꿀과 함께 넣고 곱게 간다. 믹서나 푸드 프로세서가 없으면 매셔 등으로 으깨도 된다.

3. 걸쭉해지면 볼에 옮겨 맛을 본다. 단맛이 부족하면 꿀을 적당량 넣는다.

4. 3에 소금, 후추, 아니스 씨, 사프란(혹은 황색 천연 색소)을 넣는다.

5. 박력분을 넣고 되직해질 정도로 섞는다. 지나치게 치대지 않도록 주의한다.

6. 5의 반죽을 타르트 시트에 붓고 바닥에 가볍게 내리쳐 공기를 뺀다. 160℃로 예열한 오븐에 넣고 30~40분가량 굽는다.

7. 한 김 식힌 후 잘라서 접시에 담는다.

오렌지 소스에 졸인
치킨 소테

15세기 | 스페인 외

　남유럽의 스페인이나 이탈리아의 요리서에는 오렌지와 레몬 등의 감귤류를 이용한 레시피가 다수 전해진다. 기후가 온난한 이유도 있고 육류와 함께 요리하는 일도 많았던 듯하다.

　지금의 오렌지나 레몬은 거듭된 품종 개량으로 당도도 높고 껍질도 쉽게 벗겨지지만 중세에는 껍질이 굉장히 두껍고 신맛이 강했기 때문에 과일보다는 채소로 분류했는지도 모른다.

재 료

- 닭다리살 · 2장
- 비터 오렌지· 2개   시판 오렌지로 대체 가능
- 100% 오렌지 주스(무가당) · · · · · · · · · · · · · 150㏄
- 레몬즙 · 1큰술
- 소금· 조금   가능하면 암염
- 클로브 · 1작은술
- 생강· 1작은술
- 올리브 오일· 적당량

 조리 방법

1. 닭다리살에 소금을 뿌려 10분 정도 놓아둔다.

2. 스킬렛이나 프라이팬에 올리브 오일을 두르고 닭다리살을 굽는다. 한쪽 면이 살짝 노릇해지면 뒤집어 다른 면을 굽는다. 너무 바짝 굽지 않도록 주의한다. 구운 닭다리살을 접시에 옮겨 놓는다.

3. 오렌지는 껍질을 벗긴다. 껍질은 가늘게 채 썬다. 속껍질과 씨를 제거하고 알맹이만 꺼낸다.

4. 여분의 기름을 닦아낸 프라이팬에 오렌지 알맹이, 채 썬 껍질, 오렌지 주스, 레몬즙, 향신료류를 넣고 약한 불에서 10분가량 끓인다.

5. 2의 고기를 넣고 뚜껑을 덮어 5분 정도 졸인다. 수분이 없어지면 오렌지 주스나 물을 조금 넣어준다.

6. 따뜻할 때 접시에 담아낸다.

> 가능하면 산미가 있는 오렌지가 좋지만 슈퍼마켓에서 구입할 수 있는 오렌지로도 대체할 수 있다. 산미가 부족할 경우에는 레몬즙을 조금 더 넣으면 된다.
> '비터 오렌지'는 산미가 강하기 때문에 생으로 먹기보다는 주로 요리용으로 쓴다(예 : 마멀레이드 등).

딸기 포타주

14세기 잉글랜드에 남아 있는 레시피이다. '포타주(Potage)'는 '진하게 끓인 스프'를 뜻하며 걸쭉한 식감이 특징이다. 포타주라는 말 자체가 프랑스어이기 때문에 원래는 프랑스의 레시피를 잉글랜드 궁정에서 변형해 만들었는지도 모른다.

시판 미트볼에 곁들여 보았다. 얼핏 보면 '잼을 끼얹은 미트볼' 같지만 의외로 맛있다.

재 료

- 레드 와인 · 1/2컵
- 딸기 · 200 g   냉동 딸기도 OK
- 아몬드 밀크 · 1/2컵
- 커런트 · 50 g
- 쌀가루 · 1/2작은술   점성을 만들 때 쓴다
- 설탕 · 60 g
- 후추 · 조금
- 생강 · 1/2작은술
- 시나몬 · 1작은술
- 레드 와인 비네거 · 2작은술
- 녹인 버터 · 1/2작은술
- 사프란 · 조금
- 석류 열매 · 적당량   크랜베리로 대체 가능
- *가랑갈 · 1/4작은술

 조리 방법

1. 딸기는 물로 씻어 꼭지를 뗀다. 믹서에 손질한 딸기, 아몬드 밀크, 레드 와인을 넣고 갈아 준다.

2. 소스 팬(혹은 작은 냄비)에 1을 넣고 끓지 않도록 주의하며 데운다.

3. 2에 쌀가루를 조금씩 넣어가며 농도를 조절한다.

4. 3의 냄비에 커런트, 레드 와인 비네거, 녹인 버터, 설탕, 가랑갈, 그 밖의 향신료류를 모두 넣고 섞는다.

5. 약한 불에서 약 5분 바닥에 눌러 붙지 않도록 계속 저어준다.

6. 불을 끄고 한 김 식힌 후 구운 고기 등에 끼얹는다. 석류 열매를 곁들인다.

* **가랑갈**(Galangal)

생강과의 식물. 모양은 일반 생강과 비슷하며 알싸한 매운 맛이 특징이다. 중근동 방면에서 수입되었을 것이다.

베리 타르트

15세기 | 프랑스 외(변형)

당시 많이 쓰였던 향신료와 베리류를 가득 넣은 타르트이다. 생크림을 넣어 더욱 부드럽게 변형한 레시피이다.

재 료

- 생크림 · · · · · · · · · · · · · · · · 1/3컵
- 레드 와인(스위트) · · · · · · · 1/4컵
- 우유 · · · · · · · · · · · · · · · · · 1/4컵
- 달걀노른자 · · · · · · · · · · · · · · 2개
- 딸기 · 각종 베리류(기호에 따라 준비)
  · · · · · · · · · · · · · · · · 100~150 g
- 말린 대추야자 · · · · · · · · · 30~50 g
- 꿀 · · · · · · · · · · · · · · · · · · · 20 g
- 사프란 · · · · · · · · · · · · 1/4작은술
- 건조 생강 · · · · · · · · · · 1/4작은술
- 클로브 · · · · · · · · · · · · 1/8작은술
- 타르트 틀 · · · · · · · · · · · · · · 1개

조리 방법

1. 소스 팬(혹은 작은 냄비)에 우유, 생크림, 와인, 각종 향신료를 넣고 약한 불에서 약 5~7분 가열한다. 따뜻하게 데워지면 불을 끄고 한 김 식힌다.

2. 볼에 달걀노른자와 꿀을 넣고 거품기로 섞는다. 1에 넣고 섞는다.

3. 딸기·각종 베리류, 말린 대추야자를 잘게 썰어 타르트 틀에 올리고 그 위에 2의 크림을 붓는다.

4. 170℃로 예열한 오븐에서 약 45~50분 굽는다. 완성되면 한 김 식혀 접시에 담는다.

서양 배 와인 시럽

14세기 | 잉글랜드 외

서양 배(Pear)를 이용한 레시피는 주로 잉글랜드에 많이 남아 있다. 아삭아삭한 식감, 익히면 부드러워지는 특징이 있다. 소스나 타르트는 물론 고기 요리에도 곁들였다.

재료

- 서양 배·················· 2개
- 레드 와인 ··········· 1과 1/2컵
- 설탕···················· 60 g
- 시나몬 ··············· 1작은술
- 건조 생강 ·········· 1/2작은술
- 클로브(홀 타입) ········ 6~8알
- 레몬주스(혹은 레몬즙) ··· 1/2작은술

조리 방법

1. 소스 팬(혹은 작은 냄비)에 시나몬, 레드 와인, 설탕을 넣고 약한 불에서 데운다. 바닥에 눌러 붙지 않도록 주의한다.

2. 서양 배는 껍질과 씨를 제거하고 먹기 좋은 크기로 얇게 썬다.

3. 1의 냄비에 서양 배를 넣고 10분 정도 끓인다. 레드 와인 소스가 완전히 졸아들지 않도록 주의한다.

4. 한소끔 끓으면 클로브, 건조 생강, 레몬주스 섞은 것을 3에 넣는다.

5. 한 김 식혀 그릇에 담아낸다.

서양 배 콩포트

15세기 | 프랑스 외

콩포트(Compote)는 설탕에 졸인 과일을 차게 식혀먹는 디저트로 잼과 달리 과일의 형태가 남아 있다. 단맛이 부족한 요리 위에 끼얹거나 소스로 사용했을 것이다.

재 료

- 서양 배······2~3개
- 레드 와인······2컵
- 물······적당량
- 설탕······1컵
- 생강······1/2작은술

조리 방법

1. 서양 배는 껍질을 벗기고 바닥 부분을 잘라 세울 수 있게 준비한다.

2. 깊은 냄비에 서양 배를 넣고 물을 잠길 정도로 붓는다. 이때 레드 와인도 1컵 넣고 부드러워질 때까지 끓인다. 너무 오래 끓이면 과육이 뭉개질 수 있으니 주의하자.

3. 부드러워지면 나머지 레드 와인 1컵, 설탕, 생강을 넣고 한소끔 끓인 후 서양 배를 꺼내 접시에 담는다. 남은 시럽은 한 번 더 끓여 점성이 생기면 서양 배 위에 끼얹는다. 따뜻할 때 식탁에 올린다.

귀부인과 아름다운 꽃

~중세 유럽의 장미·백합·제비꽃~

중세 유럽의 정밀화나 판화 그리고 태피스트리(Tapestry, 색색의 실로 수놓은 장식용 직물-역주) 등의 작품 속에는 당시 사람들의 생활상과 자연 환경을 엿볼 수 있는 장면이 다수 남아 있다. 식물계 중에서도 '과일과 채소'는 거듭된 품종 개량으로 형태나 맛이 과거와 크게 달라진 경우가 많다.

한편, 화초 등의 식물은 현재 유럽에 분포하는 종류의 경우 과거와 크게 달라지지 않은 듯하다.

그중에서도 가장 인기 있고 정밀화로도 많이 그려진 세 가지 꽃에 초점을 맞추어 당시의 식생활과 문화의 관계를 살펴보자.

장미·백합·제비꽃은 모두 '성모 마리아'를 떠올린다.

중세 당시, 성서에 기록된 사건을 시각적으로 재현한 미사 전서나 시도서 속 성모 마리아의 삽화에는 거의 대부분 이 꽃들이 그려져 있다. 자애·순결·겸허의 상징으로 많은 이들의 사랑을 받았다.

🌱 장미(Rose)

예나 지금이나 변치 않는 꽃의 여왕. 품종 개량으로 지금도 많은 신품종이 탄생하고 있다. 일본에서도 봄·가을이면 전국 각지의 장미 정원이 크게 붐빈다. 장미 잼, 장미 캔디, 로즈워터 화장수 등 평소 보기 드문 장미 관련 상품에 나도 모르게 지갑이 열린다.

. . .

장미가 탄생한 시기는 3,000만 년 혹은 3,500만 년 전이라고도 한다. 여러 설이 있지만, 히말라야 부근에서 처음 보급되었다는 설이 유력하다.

기원전 문명에도 장미에 대한 기록이 남아 있을 정도로 장미는 오랫동안 사랑받아온 꽃이다. 당연히 중세 유럽에도 많은 영향을 미쳤다.

장미의 아름다움을 배덕으로 여겨 수도원 안에서만 재배하던 시기도 있었지만 야생 장미가 곳곳에 피어 있던 것을 보면 사람들의 접근을 완전히 막지는 않았던 모양이다.

중세 유럽의 레시피에도 '로즈워터'를 이용한 요리가 다수 등장한다. 요즘은 로즈워터라고 하면 대부분 화장수를 떠올린다. 간혹 '화장수를 요리에 넣어도 되나요?'라는 질문을 받는데 '식용 로즈워터'가 따로 있으니 그것을 사용하기 바란다(인터넷 쇼핑몰 등에서 구입 가능).

가격이 비싼 편이라 요리에 사용할 때는 1작은술 정도만 넣는다. 향이 강하기 때문에 소량만 넣어도 충분하다.

주로 포타주나 소스처럼 액체로 된 요리나 디저트에 사용한다. 향신료처럼 향미가 느껴질 정도가 적당하다.

디저트 중에서도 '장미 설탕절임'은 호화롭기 그지없는 사치품 중 하나였다. 오스트리아 합스부르크 왕가의 엘리자베스 왕비도 즐겨먹었던 디저트이다. 그녀가 먹었던 것은 장미 꽃잎을 설탕에 재운 것으로 모양이나 향은 물론 가격도 최고였다고 한다. 한편, 중세 유럽에는 로즈워터(가끔 제비꽃도 사용)와 설탕물을 섞어 굳힌 장미 캔디도 있었다. 당시에는 설탕이 무척 비쌌기 때문에 이런 디저트들은 모두 상류층에서만 즐길 수 있었을 것이다.

요리에 넣는 향료뿐 아니라 선명한 붉은색 또는 분홍색을 내는 천연 착색료로도 사용되었다. 붉은색을 내는 색소는 주로 레드 샌들우드라는 식물을 사용했다. 장미에 비하면 가격이 쌌을 것이다.

　귀족이나 왕족의 연회에서는 식사 전에 '손을 씻는 의식'이 있었다. 손님들은 로즈워터나 장미 꽃잎을 띄운 미온수가 담긴 볼에 손가락을 씻고 린넨 천으로 물기를 닦았다. 보통 로즈마리 등의 방향성이 뛰어난 허브를 사용했기 때문에 장미를 사용한다는 것은 당시로서는 상당한 사치였을 것이다. 오늘날 장미 꽃잎을 띄운 욕조는 최고의 사치인 셈이다.

　장미는 '약용'으로 쓰이기도 했다. 자양강장, 화상으로 인한 염증 억제, 지혈 등. 장미에 '열을 식히는' 효과가 있다고 여겼다. 또 장미 열매인 로즈힙(Rose hip)도 약제로 쓰였다. 비타민이 풍부한 로즈힙은 지금도 피부 미용에 좋은 차로 인기가 있다.

장미는 식생활이나 일상생활에도 크게 영향을 미쳤다. 중세 유럽의 역사적 사건에도 종종 등장하는데 잉글랜드의 '장미 전쟁(Wars of the Roses)'이 그 대표적인 사건이다.

장미 전쟁은 장미 문장의 두 가문 즉 '흰 장미'의 요크 군과 '붉은 장미'의 랭커스카 군이 벌인 전쟁이다. 격전 끝에 요크 군이 승리하지만 그 후 하나로 합쳐진 두 장미 가문이 튜더 왕조라는 새로운 시대를 열었다.

봄·가을이면 전국 각지의 장미 정원과 식물원에 가득 핀 화려한 장미가 여러 겹의 꽃잎과 풍성한 색조를 뽐낸다. 이런 장미들은 대부분 품종 개량을 통해 탄생한 새로운 품종이다. 중세나 고대의 장미를 보고 싶다면 꽃잎이 4~5장 정도의 조금 수수해 보이는 하얀 '알바 로즈'나 붉은 '갈리카 로즈'와 같은 올드 로즈를 찾아보자.

어딘지 모르게 랭커스카 가문과 요크 가문의 문장과 비슷하지 않은가?

백합(Lily)

구약성서 속 대천사 가브리엘이 마리아에게 나타나 성령의 아이를 잉태했음을 알리는 '수태고지' 장면을 그린 대부분의 작품에는 놀라움을 감추지 못하는 성모 마리아와 가브리엘 그리고 백합이 그려져 있다. '마돈나 릴리(Madonna lily)'라고 불리는 꽃잎이 크고 하얀 백합은 기독교에서는 순결의 상징으로 널리 알려져 있다.

일본에서 볼 수 있는 흰 백합 나팔나리와 마돈나 릴리는 다른 품종이다. 다만 생김새가 매우 비슷하기 때문에 '이스터 릴리(Easter lily)'라는 이름이 붙었다.

결혼식 등에 쓰이는 커다란 흰 백합은 1970년 무렵 탄생한 '카사블랑카'라는 개량 품종이다.

사실 일본에서 마돈나 릴리를 볼 기회는 많지 않다. 유럽이나 중근동에 분포하는 마돈나 릴리는 유럽의 기후와 비교적 가까운 홋카이도 일부 지역에서 관상용으로 재배되고 있다고 들었다. 간혹 플라워 숍 등에서 볼 수 있을지 모른다.

백합은 약용으로도 쓰였다. 화상이나 피부병 등에 효과가 있다고 알려지며 뿌리를 연고로 만들어 썼던 기록이 남아 있다. 백합 추출액과 꿀을 섞은 백합 시럽은 인후염이나 정장(整腸) 작용에 효과가 있었다고 한다. 또 출산할 때 백합에서 추출한 기름을 진통·제로 이용하기도 했는데 사실 여부는 확실치 않다.

참고로, 일본이나 중국 등의 동양에서는 백합의 뿌리 부분이 인후염이나 이뇨 작용에 효과가 있다고 생각했다. 동서양에서의 약효가 조금 달랐던 듯하다.

아쉽게도 백합을 이용한 요리 레시피는 전해지지 않는다. 요즘도 간혹 마트에서 식용 '백합 뿌리'를 볼 수 있다. 기근 때는 말린 백합 뿌리를 가루로 만들어 빵을 만들어 먹었다고도 한다. 꽃 부분은 식탁을 장식하는 용도로 쓰였을 것이다.

외국에서는 말린 백합을 방향제나 실내 장식용으로 쓰거나 마술용품으로 이용한다. 블렌드 티로 만들기도 하는데 이때는 전문가의 지시에 따라야 한다는 주의 사항이 적혀 있다. 역시 식용으로 쓰기에는 주의가 필요한 듯하다.

프랑스를 비롯한 유럽의 왕족이나 도시의 문장에 많은 '플뢰르 드 리스(Fleur-de-lis)'는 백합 문양으로 알려져 있지만 실은 붓꽃(Iris) 모양이라고 한다.

지금도 여러 도시와 단체 그리고 왕가의 문장으로 사용되고 있다. 꽃의 여왕 장미가 고귀함의 상징이라면 백합은 신의 가호를 상징하는 꽃으로 널리 알려져 있다.

제비꽃(Violet)

추운 겨울을 지나 따뜻한 봄기운이 느껴지는 계절, 작고 앙증맞은 꽃을 피우는 제비꽃. 예전에 비해 길가에 핀 제비꽃을 보기 힘들어졌다. 중세 유럽에서 제비꽃은 성모 마리아를 상징하는 성스러운 꽃으로 사랑받으며 요리 재료로도 많이 쓰였다.

제비꽃도 다양한 종류가 있는데 '향제비꽃(Sweet violet)'이라고 불리는 품종이 가장 널리 쓰였다.

중세 잉글랜드와 프랑스에는 제비꽃 포타주, 소스, 푸딩 등의 레시피가 전해진다. 향이 짙고 방향성도 뛰어나기 때문에 왕족이나 귀족들의 연회에는 빠지지 않고 등장했다. 장미와 마찬가지로 제비꽃 설탕 절임도 오늘날까지 만들어지고 있는 디저트이다.

요리에 색을 내는 '보라색' 착색료로서도 중요한 역할을 했다. 예부터 고귀한 색으로 여긴 보라색을 요리에 도입함으로써 자신의 지위를 더욱 공고히 하고자 한 귀족이나 왕족도 있었을 것이다.

같은 착색료라도 보라색 염료는 특히 고귀하고 귀중한 존재였다. 그림이나 옷감에 사용하는 보라색 염료 중에서도 특히 귀한 대접을 받은 '로열 퍼플(Royal purple)'은 조개의 분비물을 햇볕에 말려 추출한 염료이다. 지금도 1 g당 1만 엔이 넘는 값비싼 염료이다. 얼마나 귀한 염료였는지 짐작이 가고도 남는다.

가톨릭 교황이나 추기경 등이 착용하는 사제복에도 보라색을 많이 썼던 만큼 특별한 지위에 있는 사람만 사용할 수 있었을 것이다.

참고로, 요즘 제과재료점 등에서 판매하는 식용 천연 색소는 주로 자색 고구마에서 추출한다. 제비꽃에서 추출한 색소는 그리 선명하지 않았을 것이다. 직접 눈으로 확인하고 싶지만 전처럼 제비꽃을 많이 볼 수 없기도 하고 착색료로 쓰려면 상당히 많은 양이 필요한 만큼 보기는 쉽지 않을 듯하다.

제비꽃은 약으로도 쓰였다. 불면증, 눈의 통증, 두통에 진정 효과가 있다고 알려져 있다. 꽃잎은 습포제로도 쓰였다. 다만, 잎과 꽃을 제외한 뿌리와 씨앗에는 독성이 있기 때문에 달일 때에는 주의가 필요하다.

세월이 흘러 유럽의 영웅과 위인들도 제비꽃의 노예가 되었던 기록이 전해진다. 제비꽃을 사랑한 나폴레옹 1세는 아내 조세핀의 생일에 늘 제비꽃을 선물했다고 한다. 또 19세기 헝가리의 왕비 엘리자베스는 제비꽃 설탕 절임을 무척 좋아했다. 지금도 오스트리아 왕실에 납품하던 유서 깊은 베이커리에서 이 제비꽃 설탕 절임을 구입할 수 있다.

중세 요리 모임에서는 식용 꽃을 사용할 기회가 많다. 중세풍 샐러드나 논알콜 음료에 넣기도 한다. 수확 시기에 따라 다르긴 하지만 가능한 한 식용 제비꽃을 사용하며 그 선명한 보랏빛이 중세의 식탁에 어떤 영향을 미쳤는지를 설명한다. 꽃을 곁들이면 요리의 분위기가 완전히 달라진다.

향이 짙은 제비꽃은 향수로도 독자적인 발전을 이루었다. '바이올렛'이라고 불리는 향수는 대부분 과학적 배합을 통해 제비꽃 향을 재현한 것이 많다. 고가의 향신료로 유명한 사프란과 마찬가지로 꽃 자체가 워낙 작기 때문에 향수를 만들 정도의 양을 모으기 어렵기 때문이다. 그런 이유로 천연 제비꽃 향료는 무척 비싸고 귀한 존재였다. 그 옛날 영웅과 위인들이 사랑해 마지않은 제비꽃 향기가 얼마나 고귀한 것이었을지 상상하기 어렵지 않다.

지금까지 세 가지 꽃의 효과와 중세의 식문화의 관계에 대해 이야기했다. 이제 직접 이 꽃들을 구해 식탁에 활용하는 방법을 소개한다.

우선 장미와 제비꽃은 반드시 '식용 소재'를 사용하기 바란다. 꽃집에서 구할 수 있으리라고 생각하는 사람이 적지 않은데 꽃집이나 식물원 등에서 관상용으로 재배하는 꽃은 선도와 외형을 유지하기 위해 화학 비료를 많이 쓴다. 꽃병에 꽂아 식탁을 장식하는 것이라면 몰라도 장미 꽃잎을 음식에 뿌리는 등의 행동은 삼가는 것이 좋다.

장미와 제비꽃 모두 식용 꽃이 따로 있으니 그것을 사용하도록 하자.

또 앞서 이야기한 '로즈워터'는 대부분 미용 화장수이다. 제과재료점 등에서 구입할 수 있는 식용 로즈워터를 사용하기 바란다.

그래도 꼭 장미 꽃잎을 사용하고 싶다면! 핑거볼에 띄워보면 어떨까? 중세 귀족들의 연회에는 반드시 식사 전에 손가락을 씻는 의식이 있었다. 미지근한 물에 장미 꽃잎이나 로즈마리를 띄운 핑거볼로 활용해보자.

식용 제비꽃을 구했다면 볶거나 끓이는 요리보다는 신선한 그린 샐러드 위에 뿌리거나 투명한 젤리 위에 살짝 올리는 편이 꽃잎의 형태를 충분히 살릴 수 있다. 투명한 젤리는 과일 통조림에 든 시럽에 젤라틴을 넣고 차게 식혀서 만든다. 설탕물로 만들어도 좋지만 개인적으로는 시럽을 추천한다.

참고로 중세 시대의 젤리는 지금처럼 달콤한 디저트가 아닌 액체를 푸딩처럼 굳힌 음식을 총칭했기 때문에 닭고기나 생선살을 굳혀 만든 것도 젤리의 일종으로 보았다. 요리 모임 등에서 전반적으로 기름진 요리가 많은 날이면 산뜻한 후식으로 낸다.

백합은 뿌리 외에는 식용으로 쓸 수 없기 때문에 무난하게 식탁 장식용으로 활용하는 것이 좋다. 꽃잎을 떼어 식탁 위에 뿌려도 좋지만 꽃가루가 식탁보에 붙으면 청소가 힘들기 때문에 그대로 꽃병에 꽂는 편이 좋을 것이다.

개인적으로는 손님이 식당으로 갈 때 지나는 통로나 현관에 장식하는 방법을 추천한다. 중세 시대의 연회에서 손님은 식당으로 가기 전 일종의 대기실 같은 공간에서 자신의 이름이 불리기를 기다리는 일도 있었다.

아름다운 꽃은 때로는 식재료로, 약으로, 성모 마리아의 가호가 깃든 자애와 위안의 존재로 앞으로도 계속해서 사랑받을 것이다.

Chapter **4**

신과 함께 살고, 신과 함께 먹다

~중세 전기의 수도원 요리~

승려들이 사찰 음식을 먹듯
중세의 수도사들도
엄격한 규율을 지키며 정해진 식사를 했다.
한정된 식재료로 어떤 음식을 만들어 먹었는지 소개한다.

가정용·수도원 빵

중세 전기 | 잉글랜드 외

가정용이라도 비교적 양질의 밀가루로 만든 빵. 수도원에서는 보통 잡곡을 넣은 빵을 먹었지만 '시료원(※)'의 환자들에게는 이런 흰 빵을 제공했던 듯하다. 꽤 찰지고 묵직한 빵이다.

단맛을 더하기 위해 꿀을 조금 더 넣었다. 기호에 따라 꿀의 양을 조절하면 된다.

재료(6~8인분)

- 강력분 · 255g
- 박력분 · 110g
- 쌀가루 · 10g
- 맥주 · 50cc
- 드라이이스트 · 6g
- 소금 · 1/4작은술
- 꿀 · 2작은술
- 미온수 · 1컵
- 올리브 오일 · 적당량

혹은 상신분(上新粉, 정백미를 빻은 가루-역주)

에일 맥주도 가능. 발포주는 사용하지 않는다.

30~40℃ 정도가 적당

 조리 방법

1. 볼에 맥주와 드라이이스트를 넣고 크림 상태가 될 때까지 천천히 섞는다.

2. 가루류(강력분, 박력분, 쌀가루, 소금)를 모두 섞어 체에 쳐서 준비한다.

3. 볼에 1과 미온수, 꿀을 넣고 2의 가루를 세 번에 나눠 넣는다. 처음에는 주걱으로 대강 섞다 세 번째 가루를 넣을 때는 손으로 뭉치듯 반죽한다.

4. 5분 정도 치댄다. 손에 들러붙을 때는 밀가루를 조금 묻혀가면서 반죽하면 좋지만 너무 많이 묻히지 않도록 주의한다.

5. 반죽이 뭉쳐지면 볼에 담고 올리브 오일을 대강 발라준다. 물에 적신 린넨 천 등을 덮어 1차 발효한다(30~40℃ 정도의 장소에서 약 40~60분).

6. 반죽이 2배 이상 부풀면 중심을 주먹으로 가볍게 내리쳐 가스를 뺀다. 다시 천을 덮고 2차 발효한다(약 20분).

7. 반죽을 세 덩이로 나눠 둥글게 빚은 뒤 오븐용 팬에 올린다. 200~220℃로 예열한 오븐에 넣고 약 25~30분 굽는다.

8. 한 김 식힌 후 접시에 담아낸다.

시료원(Hospital)

   수도원 안에 설치된 간이 병원의 일종으로 가난한 사람들의 병을 치료하거나 식사를 제공했다. 빈민 구제도 수도원의 중요한 역할 중 하나였다. 주로 큰 도시에 세워진 수도원에서 시료원을 운영했다.

미트볼

중세 전기 | 잉글랜드 외

  수도원에서는 기본적으로 4족 보행을 하는 가축을 먹지 못하도록 금했기 때문에 고기라고 하면 주로 닭고기를 먹었다. 구약성서의 창세기 속, 신이 창조한 온갖 생물 중 같은 날에 창조된 물고기와 새에 대해서는 꽤 너그러웠던 것 같다. 본래는 페이스트 형태의 요리이지만 이번에는 조리법을 조금 변형해 미트볼처럼 만들어보았다.

재 료(4~5인분)

- 다진 닭고기 · · · · · · · · · · · · · 150 g
- 당근 · · · · · · · · · · · · · · · · · · 1/2개
- 마늘 · · · · · · · · · · · · · · · · · · 1/4쪽
- 클로브 · · · · · · · · · · · · · 1/2작은술
- 소금 · · · · · · · · · · · · · · · · · · 1자밤
- 빵가루 · · · · · · · · · · · · · · · · 2큰술
- 콩소메 스프(혹은 닭 육수) · · · · · 2컵
- 올리브 오일 · · · · · · · · · · · 적당량

조리 방법

1. 양파는 잘게 썰어 물에 담근다. 마늘은 잘게 다진다.

2. 볼에 다진 닭고기와 1, 클로브, 소금, 빵가루를 넣고 손으로 대강 섞는다. 한 입 크기로 동글동글하게 빚는다.

3. 냄비에 콩소메 스프를 넣고 데운 뒤 2를 넣어 5~7분가량 약한 불에서 끓인다.

4. 속까지 잘 익으면 일단 꺼내 물기를 뺀다.

5. 프라이팬에 올리브 오일을 두르고 4의 미트볼을 노릇노릇해질 때까지 굽는다. 너무 센 불에서 굽지 않는다.

6. 따뜻할 때 그릇에 담는다. 남은 콩소메 스프를 끼얹어 자작하게 먹어도 맛있다.

풋콩 프리터

중세 전기 | 잉글랜드 외

콩류는 수도사들의 주식 중 하나였으며 보존성이 매우 뛰어났다.

다양한 종류가 있지만 특히 렌즈 콩·병아리 콩·누에 콩은 상류층의 레시피에도 자주 등장한다. 주로 스프에 넣어 먹었던 듯하다.

 재 료(4인분)

- 풋콩(냉동도 가능) · · · · · · · · 150 g
- 양파 · · · · · · · · · · · · · · · · · · · 1개
- 클로브(홀 타입) · · · · · · · 1/4작은술
- 마늘 · · · · · · · · · · · · · · · 1/4작은술
- 올리브 오일(튀김용) · · · · · · · 적당량

2의 혼합물에 밀가루와 물을 섞어
기름에 튀기면 더욱 먹기 편하다.

 조리 방법

1. 풋콩은 삶아서 껍질을 까고 한 김 식힌다.

2. 양파는 잘게 다진다. 볼에 1과 다진 양파,
   거칠게 으깬 클로브, 마늘을 넣고 섞는다.

3. 프라이팬에 올리브 오일을 넉넉히 두르고
   2의 혼합물을 숟가락으로 떠서 5분가량
   굽듯이 튀긴다.

4. 키친타월 등으로 여분의 기름을 제거하고
   따뜻할 때 접시에 담아낸다.

Chapter 5

기사가 들여온 식문화

~중세 아랍 요리~

중세 유럽에는 다양한 향신료를 활용한 요리가 많았다.
중근동·아랍 방면에서 들어온 식재료는
당시의 조리 방법이나 조미료 등에 큰 영향을 미쳤다.
십자군 원정대를 통해 들어온 다양한 식재료는
당대는 물론 후세의 요리 레시피에
더없이 큰 변화를 가져왔다고 해도 과언이 아니다.

바리다
Barida

13세기 이후 | 아랍

중세 시대 아랍의 레시피로 만든 치킨 소테이다. 향신료를 듬뿍 넣은 허브 소스를 곁들였다. '무리(Murri)'라고 불리는 굉장히 짠 조미료로 맛을 조절했다. 닭고기 위에 살짝 올려서 함께 먹는다.

재 료

- 닭다리살······························200 g
- 소금·······························조금

《허브 소스》
- 화이트 와인 비네거 ·····················1/2컵
- 무리(중세 아랍의 혼합 조미료)·············1/2컵
- 오이 ······························1개
- 올리브 오일 ·························약간
- 생 허브 ·················전부 합쳐 1/2컵 분량
- 혼합 향신료············전부 합쳐 1/2작은술 분량

흑 후추, 건조 타임, 쿠민, 시나몬,
고수 씨, 캐러웨이 씨, 건조 목향,
건조 루 등

무리 만드는 방법은 115쪽 참조

껍질을 벗겨 사용한다

타임, 고수, 민트, 샐러리 잎 등

조리 방법

1. 닭다리살은 먹기 좋은 크기로 자르고 앞뒤로 소금을 뿌린다.

2. 프라이팬에 올리브 오일을 두르고 센 불에서 닭다리살을 굽는다. 표면이 살짝 노릇해질 정도면 OK. 다 구워지면 접시에 옮겨 담고 한 김 식힌다.

3. 푸드 프로세서에 허브 재료를 모두 넣고 갈아 페이스트를 만든다. 초록빛깔이 되면 OK.

4. 숟가락으로 소스를 떠서 구운 닭고기 위에 올린다.

왕의 양갈비 구이

중세 중기 | 스페인 외

　무리(Murri)는 중세 아랍 요리에 자주 등장하는 혼합 조미료의 일종이다.

　소금을 듬뿍 넣어 만들기 때문에 오래 보존할 수 있고 소량만 넣어도 맛이 날 정도로 강한 맛이 특징이다.

　13~14세기 남스페인 안달루시아 지방에 전해지는 레시피를 조금 변형해보았다.

　스페인, 이탈리아 등의 남유럽은 아랍의 여러 나라들과 왕성한 교역을 했던 만큼 식재료에 미친 영향도 적지 않았을 것이다.

재 료

- 양갈비(갈비뼈 포함) · 6~8쪽
- 건조 파슬리· 적당량

《무리》

- 꿀 · · · · · · · · · · · · · · · · · · · 50 g
- 마르멜로 열매(혹은 모과) · · · · · · 2~3개
  씨를 제거하고 얇게 썬다
- 살짝 탈 정도로 구워 잘게 부순 빵·3장 분량
- 잣 · 20 g
- 녹말가루 · · · · · · · · · · · · · · · · 1큰술

  옥수수 녹말로 대체 가능

- *로커스트 콩 · · · · · · · · · · · · · · · 1큰술
- 아니스 씨 · · · · · · · · · · · · · · · 2/3작은술
- 회향 씨 · · · · · · · · · · · · · · · · 2/3작은술
- 사프란 · 조금
- 소금 · 200 g
- 물 · 2컵
- 레몬즙 · · · · · · · · · · · · · · · · 1작은술

조리 방법

1. 무리를 만든다. 소스 팬에 꿀을 넣고 약한 불에서 타지 않도록 저어가면서 끓인다. 짙은 갈색이 될 때까지 계속 저으며 끓인다.

2. 아니스 씨, 회향 씨, 잣은 푸드 프로세서 등에 거칠게 갈아서 준비한다.

3. 1에 2와 레몬즙을 제외한 나머지 재료를 모두 넣고 60~90분가량 저어가며 끓인다. 소스가 졸아붙으면 물을 조금 넣어 타지 않도록 주의한다.

4. 3의 액체를 키친타월이나 거즈 천 등에 걸러 불순물을 제거한다. 매셔 등으로 덩어리를 으깨주어도 좋다.

5. 레몬즙을 넣고 가볍게 저으면 완성. 보존용 병 등에 담아 냉장 보관한다.

6. 양갈비는 프라이팬에 표면이 노릇노릇해질 때까지 튀기듯 굽고 180℃로 예열한 오븐에서 2분간 더 굽는다.

7. 프라이팬에 5의 무리를 소량 넣고 고기와 잘 섞이도록 볶아준 후 건조 파슬리를 뿌려 접시에 담는다.

✳ **로커스트 콩**(Locust bean / Carob)

지중해 원산의 콩과 식물. 과육 부분에 당분이 함유되어 있어 고대 이집트 등에서는 감미료로 사용했다. '로커스트 콩'이라는 이름으로 찾기 힘들 때는 가루로 만든 '캐롭(Carob)'을 찾아보자.

Chapter **6**

왕족의 대관식 메뉴

중세 유럽의 왕족과 영주들은
자신의 권력을 과시하기 위해 호화로운 연회를 베풀었다.
특히 값비싼 '향신료(설탕·소금 포함)'를
아낌없이 사용해 자신의 부를 과시했다.
이번에는 한 나라의 국왕과 부유한 영주의
연회에 등장했던 일부 요리를 소개한다.
오늘날 가정에서 만들기는 다소 어렵기 때문에 분량은 생략했다.
참고삼아 보면 좋을 것이다.

왕에게 바치는
호화 요리

중세 전반 | 잉글랜드·프랑스 외

'통돼지 구이'는 중세 유럽의 연회에도 종종 등장했다. 손님들은 절대 요리에 손대지 않고 담당 조리사가 고기를 썰어 나눠주는 것이 일반적이었다. 통돼지 구이를 여흥의 일환으로 이용하기도 했다. 왕의 명령을 받은 기사가 화려한 검놀림으로 통돼지 구이를 가르면 그 안에서 '살아 있는 비둘기(정령의 상징)'가 등장한다. 비둘기를 하늘 높이 날리며 신의 가호를 기원했다.

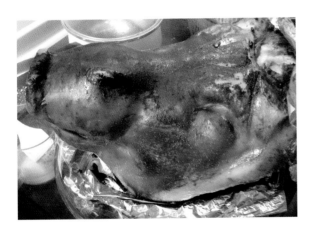

재 료

- 돼지머리
- 달걀노른자
- 소금
- 계절 과일

사과나 서양 배 등
제철 과일로 준비

조리 방법

1. 돼지머리는 털 등의 불순물을 깨끗이 제거하고 물로 가볍게 씻는다.

2. 입을 살짝 벌린 후 철 구슬 등을 넣어 반쯤 열린 상태로 고정한다.

3. 소금을 골고루 뿌리고 풀어놓은 달걀노른자를 전체적으로 바른다.

4. 가마에 넣고 3~4시간가량 굽는다. 중간에 한 번씩 달걀노른자를 덧바른다.

5. 다 구워지면 입에 사과 등의 둥근 과일을 끼워 큰 접시에 올리고 계절 과일로 장식한다.

6. 조심스럽게 국왕이나 영주의 식탁에 올린다.

마지팬
Marzipan

중세 후기 | 프랑스 외

'마지팬'은 지금도 제과점에서 볼 수 있는 다채로운 빛깔의 '먹을 수 있는 장식 과자'이다. 아몬드 가루와 설탕을 섞은 반죽에 색을 입혀 모양을 만든다. 중세 시대에도 화려한 모양과 빛깔의 마지팬으로 요리를 장식했을 것이다.

재 료

- 아몬드 분말
- 설탕(가루 설탕이 좋다)
- 로즈워터
- 각종 착색료(레드 샌들우드,
  사프란, 민트, 제비꽃 등)

조리 방법

1. 아몬드 분말, 설탕, 로즈워터를 섞어 반죽을 만든다.

2. 분말 형태의 착색료를 넣어 색을 입힌 후 좋아하는 모양으로 만든다.

3. 타르트나 케이크 위에 장식하거나 타르트 위에 덮는 '뚜껑'을 만들어도 좋다. 상상력을 마음껏 발휘해 연회에 초대된 손님들에게 기쁨을 줄 '장식 과자'를 만들어보자.

금 사과

중세 후기 | 북유럽

연회에 등장하는 수많은 요리 중에는 손님들을 감쪽같이 속이는 '기상천외한 요리 (illusion food)' 메뉴가 몇 가지 있었다. '금 사과'도 그중 하나였다. 금빛 사과를 한 입 베어 물었을 때 입 안 가득 육즙이 퍼지면 누구나 놀랐을 것이다.

기상천외한 요리는 손님이 맛은 물론 눈으로도 즐길 수 있는 요리를 대접하고자 짜낸 궁리인 동시에 자신의 권력을 과시할 수 있는 기회였다.

재 료

《미트볼》
- 다진 소고기(혹은 잘게 썰어서 준비)
- 커런트
- 각종 향신료(클로브, 시나몬, 카르다몸, 생강)
- 달걀노른자
- 소금

《반죽》
- 박력분
- 달걀노른자
- 물 · 로즈워터

《착색용》
- 레드 샌들우드 분말 · 사프란

 조리 방법

1. 볼에 미트볼 재료를 모두 넣고 잘 섞는다.

2. 한 입 크기로 둥글게 빚어 오븐에서 15분 정도 굽는다. 다 구워지면 한 김 식힌다.

3. 볼에 박력분, 달걀노른자, 물을 넣고 미트볼을 감쌀 반죽을 만든다. 로즈워터를 조금 넣는다.

4. 2의 미트볼을 3의 반죽으로 감싸 사과 모양으로 만든다. 너무 크면 구울 때 시간이 오래 걸릴 수 있으니 적당한 크기로 만든다.

5. 착색용 레드 샌들우드와 사프란을 소량 물에 타서 요리 솔 등으로 4의 미트볼 표면에 골고루 바른다.

6. 다시 오븐에 넣고 구운 뒤 마지막으로 착색액을 한 번 더 바른다.

7. 완성된 '깜짝 요리'를 접시에 담아 손님의 식탁에 올린다. 사과 잎을 곁들이는 등 더욱 진짜처럼 장식해 식탁에 올리는 요리사도 있었다고 한다.

화려한 실패작에 대한 기록

✤ 리버 페이스트·아몬드 밀크 조림

다진 닭과 돼지의 간에 아몬드 밀크를 넣고 끓인 소스에 가까운 요리. 시판 아몬드 밀크를 넣었더니 간 특유의 냄새와 유화제 등의 식품 첨가물이 뒤섞여 묘한 냄새가 가득했다······.

✤ 사순절 프리터

부활 주일 전 약 40일의 단식 기간에는 식재료도 제한되었다. 사순절 기간에도 먹을 수 있는 요리가 '레몬 프리터'(64쪽)이다. 레몬의 수분을 충분히 제거하지 않고 튀김옷을 입혀 기름에 넣었더니 바삭하지도 않고 기름도 잔뜩 튀어 주방 청소에 애를 먹었다. 레몬의 형태를 살리기 위해 튀김옷을 얇게 입힌 것도 문제였던 듯하다. 올리브 오일보다는 참기름을 사용하면 좋을 듯하다.

서양 배 콩포트(시험작)

서양 배를 구하지 못해(하필 다 팔리고 없었다) 통조림으로 대체했다. 자신만만하게 시작했지만 애초에 부드럽게 가공된 서양 배에 레드 와인 등을 넣고 끓였더니 형태가 뭉개지고 말았다. 게다가 거무칙칙한 색감 때문에 식욕이 싹 달아났다. 맛은 나쁘지 않았지만(94쪽의 성공작과 비교하기 바란다).

영국의 중세 축제 체험기

~대대로 계승해온 선인들의 역사~

🌿 여행을 결심하게 한 인터넷 서핑

수년 전부터 일본에서 중세 유럽의 문화를 직접 즐기고 이해할 수 있는 기회가 있으면 좋겠다는 생각을 품고 있었다. 체험해볼 수 있는 장소나 행사도 없었기 때문에 도서관이나 다큐멘터리 방송을 통해 시각적으로만 유럽의 역사를 공부하던 시절이었다.

인터넷이 보급되면서 동영상 사이트나 외국의 웹사이트를 쉽게 찾아볼 수 있게 되었지만 역시 직접 중세 유럽의 문화를 체험해보고 싶은 마음이 컸다.

그러던 어느 날, 인터넷 서핑을 하다 발견한 것이 매년 영국에서 개최되는 '튜크스베리 중세 축제(Tewkesbury Medieval Festival)'의 공식 사이트. 튜크스베리는 15세기 말 장미 전쟁(Wars of the Roses)의 마지막 결전지로서 치열한 전투가 벌어졌던 무대이자 그 후 잉글랜드 왕정에 큰 변화를 가져온 장소로도 유명하다.

미국에서 중세 시대의 의상을 입은 사람들이 당시의 분위기를 재현하는 '르네상스 페어'에 대해서는 이미 알고 있었지만 영국의 유서 깊은 고장에서 당시의 역사를 고스란히 재현한다고 하니 '직접 가보고 싶다!'는 마음이 불현듯 일었다.

하지만 '이런 역사와 전통 있는 축제에 일본인인 내가 가도 될까'라는 생각에 고민하다 용기를 내 중세 축제 실행 위원회에 메일을 보내 문의했다(메일을 보내기까지 엄청난 시간이 걸렸다).

수일 후, 돌아온 답장에는 놀라운 내용이 쓰여 있었다.

· · ·

'멀리 일본에서 오실 여러분을 환영합니다. 우리 축제의 전투 재현 행사에 함께 참여하지 않겠습니까?'

더없이 기쁜 요청이었다. 국내에서 중세 유럽의 기사와 갑옷에 대해 연구하는 분이며 유럽 관련 일을 하던 지인과 의논한 결과 전원 참가 결정! 그리하여 '가자, 전장으로!' 프로젝트가 시작되었다.

중세 축제 투어의 참가자는 나를 포함해 6명. 하나같이 풍부한 지식을 갖춘 사람들이었지만 의외로 영국 원정은 처음인 사람이 많았다(미국 원정은 자주 갔다).

나는 지인 한 명과 하네다 공항에서 만나 직항 편으로 먼저 런던으로 갔다. 나머지 넷은 '방콕에 잠시 들렀다 가겠다'고 하여 현지에서 만나기로 했다.

ꕥ 영국 도착!

도착지인 히드로 공항까지 마중을 나와 준 영국 신사의 차를 타고 곧장 남부 튜크스베리로 향했다. 중간 중간 버킹엄 궁전과 켄싱턴 궁전 등 텔레비전이나 책에서만 보던 건물이 눈앞에 나타날 때마다 차 속에서 탄성을 질렀던 기억이 난다.

튜크스베리는 런던에서 차로 1~2시간 정도의 비교적 작은 도시이다. 중심지에는 나름 상점과 집들이 늘어서 있었지만 조금만 벗어나면 잉글랜드 특유의 완만한 언덕이 끝없이 펼쳐졌다.

호텔에 도착해 체크인을 마친 후 곧장 시내 한 모퉁이에 있는 '튜크스베리 수도원'을 찾아갔다.

수도원 내부도 사진에 담고 싶은 마음은 있었지만 과거의 역사 속에서 살아남은 선인들에 대한 경의의 표현으로 눈으로 본 모든 것을 머리에 새기듯 천천히 수도원을 돌아보았다(※수도원 내부의 사진 촬영은 가능하지만 유료이므로 주의하기 바란다).

　신성한 스테인드글라스를 비추는 태양빛, 귀족의 이름이 새겨진 석관, 수백 년의 세월을 간직한 돌계단. 모든 것이 신선하면서도 과거의 역사를 고스란히 간직하고 있었다. 말로 표현할 수 없을 정도의 무게가 느껴졌다. 런던 시내의 대성당만큼 웅장하지 않지만 역사의 흔적이 오롯이 남아 있다는 사실에 감동했다.

　아쉬움을 뒤로 하며 수도원을 나온 나와 지인은 시내의 레스토랑에서 식사를 하고 슈퍼마켓에 들러 간단한 쇼핑도 했다. 어두워지기 시작해 호텔로 돌아가려고 시계를 보니 '(밤)10시?! 아직 이렇게 밝은데?' 가벼운 문화 충격. 그리고 보니 이곳은 위도가 높아 해가 늦게 지는구나! 새삼 고개가 끄덕여졌다. 자연의 힘은 참으로 놀랍지 않은가!

🌱 축제 회장으로

　다음 날, 무사히 현지 호텔에 도착한 나머지 일원들과 사전 답사 겸 여러모로 신경 써준 운영 위원회에 감사의 인사를 전하러 축제 회장으로 갔다.
　잔디밭만 휑하니 펼쳐진 메인 회장에서는 축제 준비가 조금씩 진행되고 있었다. 중세풍 천막 안에 이동 판매소가 있었던 것이 의외였다(크게 위화감이 없던 것도 이상하지만). 메인 회장을 둘러싸듯 중세풍 천막이 늘어서 있었는데 이들은 모두 축제에

...

참가하는 기사와 그의 가족들이 직접 가져온 자재로 세운 것이었다. 천막 안에는 중세풍 의자나 책상과 같은 가구가 놓여 있을 뿐 아니라 자신들이 입을 중세 의상과 더치 오븐을 비롯한 중세의 바비큐 용품까지 갖추어 놓고 장기 체류를 준비하는 본격적인 모습이었다. 이런 것들을 가지고 있다니…부러움과 놀라움의 연속이었다.

주최 단체(라고 생각되는)의 주요 일원은 여성들! 멋지다! 이야기를 들어보니 '간혹 외국인 중에도 자신의 갑옷 등을 가져와 전쟁 재현 행사에 참가하는 사람이 있다'고 했다. 정말?!

또 '가끔 일본인 관람객도 있지만 재현이라고는 해도 전쟁은 전쟁이니 위험하기도 하고 다칠 염려도 있어 이제까지 (튜크스베리 전투에) 참가한 일본인은 없었다'고 했다. 그도 그럴 것이다. 그런 상황에 이번 투어 일원 중 자신의 서양 갑옷을 가지고 온 한 사람이 재현 전투에 참가하게 된 것이다. 전투 경험도 풍부한 사람이니 문제는 없을 듯했다.

튜크스베리 전투에 대해 간단히 설명하면 '장미 전쟁'은 흰 장미 문장의 요크 가문과 붉은 장미 문장의 랭커스터 가문이 벌인 전투이다. 초반에는 랭커스터 군이 우세했지만 서서히 요크 군 쪽으로 형세가 기울면서 결전의 무대가 된 '피의 목초지(Bloody Meadow)'에서 랭커스터 군의 에드워드 황태자와 요크 군의 에드워드 4세가 일대일로 승부를 겨루어 에드워드 4세즉, 요크 군이 승리했다.

그가 맡은 임무는 '랭커스터 군'을 지휘한 에드워드 황태자

의 기수 역할이었다. 얼마나 중요한 임무인가! 게다가 일본인 최초의 공식 참가이니 굉장한 영광이었다(본인도 무척 기뻐했다. 비록 전투에 참가하지는 못했지만).

설레는 마음을 안고 호텔로 돌아와 취침. 밤 10시가 넘도록 밝으면 아무래도 시간 감각이 이상해진다.

⚜ 중세 축제 당일!

다음 날, 새벽 5시 전에 해가 떴기 때문에 중세 시간에 맞춰 눈을 뜬 것은 좋았지만 창을 열자 상쾌한 얼굴로 골프 카트를 타고 가는 영국 신사숙녀들이 잇따라……. 이른 새벽부터 골프라니! 존경스럽다.

나도 일본에서 가져온 중세 의상(자작)으로 갈아입고 축제 회장으로 갔다. 과연 아침부터 많은 사람들이 모여 있었다. 여기저기 중세 의상을 걸친 전쟁 참가자와 그의 가족들 그리고 일반 관람객 중에도 중세 의상을 입은 이들이 보였다. 꿈꾸는 듯한 광경, 일본에서도 꼭 이런 행사를 열고 싶다는 동경을 품으며 축제 회장을 돌아보았다.

튜크스베리 중세 축제는 기본적으로 무료입장이며 기부금 모금으로 운영비를 충당하는 시스템이다. 그러고 보니 이곳저곳에 중세 의상을 차려 입고 모금함을 든 '모금인'이 눈에 띄었다. 모금을 강요하지 않는 분위기도 마음에 들었다.

중세 음악을 연주하는 악단도 있었다. 아무 데서나 갑자기 연주를

시작하고 연주가 끝나면 장소를 옮겨 또다시 연주하는 것을 보면 유랑 악단과 같은 역할이 아닐까.

그 밖에도 축제 회장에는 활쏘기 체험을 할 수 있는 초심자부터 숙련자(?)용 임시 활터라든가 나무 무기, 활, 중세 의상, 자체 제작 서적(동인지와 같은) 등을 판매하는 시장도 있었다.

나도 '본고장의 중세 의상을 갖고 싶다!'는 마음에 시장을 돌아보다 예상치 못한 난관에 부딪쳤다.

일본인인 내게 '성인' 사이즈는 너무 컸던 것이다! 가만히 생각하면 체격이 전혀 다르니 당연한 일이었다. 결국 내게 맞는 '아동' 사이즈 중 몇 점을 구입했다. 현지에서 의상을 구할 때는 아동 사이즈를 추천한다. 부끄러운 일이 아니니 당당히 구입하기 바란다.

일본의 축제는 음식을 파는 노점이 많아 주로 걸어 다니면서 먹는 것이 일반적인데 이곳은 식사를 할 만한 장소가 많지 않았다. 앞서 말한 이동 판매소에서 핫도 그를 사먹는 정도? 대신 '술을 파는' 곳이 굉장히 많았던 기억이 있다. 술은 마시지 않았기 때문에 자세한 사정은 모르겠다. 또 한쪽에서는 영국 록 음악을 연주하는 미니 라이브가 한창이었기 때문에 엄격한 격식을 갖춘 축제라고는 할 수 없을 듯했다. 물론 여기서도 중세 의상을 입은 참가자들이 흥겹게 춤을 추었기 때문에 즐겁기는 했지만.

중세 축제에는 튜크스베리 마을 전체가 참여하기 때문에 메인 회장을 나와도 중세 분위기를 연출하는 다양한 장식을 볼 수 있다. 저마다 다른 문장을 내건 집들을 지나며 당시의 거리 모습을 떠올려 보기도 했다.

그렇게 걷던 중, 갑옷을 걸친 아버지와 중세 의상을 입은 한 가족이 집에서 나와 축제장으로 향하는 모습을 보았다. 집에서 갑옷을 입고 나오다니! 가족 모두가 중세 의상 일습을! 흥분을 감출 수 없었다. 마을 사람들도 1년에 한 번 있는 큰 축제이기 때문에 다들 이런 식으로 적극 참가하는 것이리라. 훌륭하다.

🌿 역사적 전투 개시!

명예로운 기수 역을 맡은 우리 일원은 종자 역의 다른 일원과 함께 축제가 시작된 초반에 불려갔기 때문에 우리도 전투가 벌어지는 메인 무대로 이동했다. 랭커스터 군 영역과 요크 군 영역으로 나뉜 구역의 빈 자리를 찾아 자리를 잡았다(결국 랭커스터 군의 영역이었지만).

전투 개시 전에 홈사 선수 입장 같은 '기사 입장 시간'이 있었는데 기사들의 행렬이 여간 긴 것이 아니었다! 갑옷 군단이 지나갔나 싶으면 종자 군단 또다시 갑옷 군단, 종자 군단, 갑옷 군단 한 번씩 궁사 군단…의 반복. 당시에도 양군 합쳐 5,000여 명의 전력이 투입되었다니 당연한 일일까.

전투가 시작되기 전 사회를 맡은 DJ 아저씨(임의로 명명)가 이번 행사에 대한 간단한 해설과 지식을 풀어놓았다. 각각의 군을 응원하는 관람객들도 기합이 들어간다. 기다리는 동안에도 농민 행색을 한 자원봉사자들이 '호의를 베푸소서'라고 말하며 돌아다녔다. 앞서 설명한 기부금 모금이었다. 다음 축제의 운영비를 마련하기 위한 모금이므로 힘을 보태지 않을 수 없었다. 감사의 마음을 담아 모금에 참여했다. 앞으로도 축제가 계속되기를 바라며⋯⋯.

마침내 기사 입장이 끝나고 DJ 아저씨가 전투 진행을 알렸다. '이번 전쟁에는 외국인들도 참가했습니다! 오스트레일리아, 미국, 러시아⋯그리고 이번에는 일본에서도!'라며 큰 소리로 소개하자 축제장에서 함성이 일었다.

근처에 있던 아이들도 '일본인이 있대! 어디 있을까?'라며 흥분한 듯 떠들었다. 전통 있는 이 전투에 일본인으로 참가할 수 있어 스스로도 무척 기뻤다.

이번 행사에서 재현하는 것은 마지막 결전의 현장이었다. 먼저 양군의 100여 명의 궁수 부대가 쌍화살을 쏘며 조금씩 전진했다. 일단 멈추나 싶더니 무리를 헤치고 칠흑 같이 검은 드레스를 입은 귀부인이 앞으로 나왔다. '누구지?' 히고 히둥지둥 축제 팸플릿을 펼쳤다. 그녀는 랭커스터 군을 지휘한 에드워드 황태자의 어머니 마거릿 왕비였다. 아, 그렇군.

양 진영의 지휘관들이 요구 사항을 주고받는 절차였을 테지만 결국 협상은 결렬되고 각자의 영역으로 돌아가 장대한 전투를 시작한다.

아쉽게도 이 모든 과정이 관람석과 멀리 떨어진 장소에서 이루어졌기 때문에 DJ 아저씨의 화려한 보충 설명으로 어렴풋이 이해한 정도였다. 그만큼 축제장이

넓었던 것이다!

궁수 부대에 이어 장창 부대가 등장하고 계속해서 갑옷 부대가 뒤를 이었다. 그러고 보니 기마 부대가 없었다. 실제는 어땠는지 모르겠지만. 그 뒤로는 물과 물자 보급을 맡은 '보급 부대'가 따랐다. 여성들이 많았던 듯하다.

모든 부대의 후미와 관람석 옆에는 '앰뷸런스(Ambulance)'라고 쓰인 차와 구조대 재킷을 입은 사람들이 여럿. 부상이나 사고 시에 출동하는 구조대였다. 잔디밭에 드러누워 전투를 관람하던 사람들의 모습이 인상적이었다. 그들의 여유가 부러웠다.

어쨌든 총 참가 인원이 2,000명이 넘는 행사이기 때문에 주 전투가 시작되자 여기저기에서 쟁경쟁경 칼날이 부딪치는 소리가 들려왔다. 저쪽에서 시작되었는가 하면 동시에 다른 곳에서도 전투가 벌어져 어디부터 보아야 할지……. 물론 당시에도 이랬을 테지.

재현 전투라고 해도 다들 워낙 진지하게 임하다보니 시간이 갈수록 부상병들이 속출했다. 후반에는 구조대의 출동 횟수도 눈에 띄게 늘었던 것 같다.

요크 군의 공세가 거세지면서 랭커스터 군의 병력이 차츰 줄어드는 것이 보였다. 이어지는 최후의 결전은 왕족간의 일대일 전투. 가문의 문장을 단 갬비슨(Gambeson, 안에 양털을 넣어 누빈 방어 재킷)을 입고 있기 때문에 쉽게 알아볼 수 있었다. 그 옆에는 기수 역을 맡은 우리 일행이 있었다. 자신의 갑옷이라 그런지 옷매무새도 완벽했다.

수차례 치열한 접전을 벌이다 마침내 에드워드 4세가 에드워드 황태자를 찔러 쓰러트린다. 아쉬웠던 것은 두 사람 다 비슷한 갬비슨을 입고 있어서 누가누구인지 분간이 잘 되지 않았다. 애초에 같은 일족이었으니 문장도 거의 같았을 것이다.

...

🌿 전투의 마지막 '이야기'

전투는 여기서 끝이지만 축제는 끝이 아니다. 기록에 따르면, 전투에 패배한 랭커스터 군은 튜크스베리 수도원으로 도망갔다 끝내 잡혔다고 한다. 이제 재현 행사의 무대는 수도원으로 옮겨간다. 줄지어 이동하는 부대를 따라 나도 수도원으로 향했다.

수도원에 도착하자 기골이 장대한 한 남자가 큰 칼을 들고 서 있는 것이 눈에 들어왔다. 한눈에 처형용 칼이라는 것을 알 수 있었다. 수도원 옆 작은 광장에서 요크 군으로 보이는 몇몇 남성이 민중을 향해 포로로 가둘지 처형할지를 묻는 듯했다. 결국 처형이 결정되고 수도원 광장에서 '교수형'에 처해진다. 당시 기사들에게 교수형은 가장 굴욕적인 처형이었다고 한다. 집행인 역을 맡은 남자는 잇따라 기사들을 목매달았다. '교수형에 처해진 기사들'의 처량하기 그지없는 모습⋯⋯(물론, 인형의 머리이다).

이 처형을 끝으로 튜크스베리 전투는 막을 내리고 축제도 막바지로 접어들었다.

참고로, 앞서 등장한 마거릿 왕비와 앤 왕녀는 '고귀한 포로'로 사로잡혔다고 한다. 앤 왕녀는 후에 잉글랜드의 왕 리처드 3세와 결혼해 왕비가 된다.

튜크스베리 중세 축제는 전투 영역이 대단히 넓은 데다 형식이나 분위기도 엄격하지 않기 때문에 누구나 쉽게 참가할 수 있을 듯했다. 600년 전의 목가적인 분위기와 용맹하게 스러져간 기사들의 의기를 느낄 수 있었던 시간이었다.

축제가 끝난 후, 기수 역을 맡았던 우리 일원을 만나러 진지로 갔더니 아이들과 기념사진 촬영이 한창이었다. 그만큼 드문 일이었던 모양이다.

이렇게 이번 여행의 가장 큰 목적을 달성한 후 시내에서 맛있는 식사를 했다. 처음 보는 아저씨가 친근하게 말을 걸어와 즐겁게 이야기를 나누기도 했다. 아마 그분도 꽤 취해 있었던 것 같지만.

튜크스베리에서는 3일 정도 머물다 런던으로 이동했다. 짧은 시간이었지만 많은 것을 배우고 느낄 수 있었다. 일본에서는 절대 불가능한 체험, 책이나 인터넷으로는 알 수 없는 소소한 부분 하나하나가 모두 충격이었다.

귀국 후, 중세 유럽 문화를 더욱 깊이 이해하기 위한 체험형 콘텐츠를 본격적으로 기획·운영하게 된 것도 이 여행 덕분이었다고 생각한다. 막대한 자금을 들이지는 못해도 선인들이 쌓아올린 역사를 소중히 지켜나가는 자세를 따르겠다고 마음먹었다.

멋진 여행, 최고의 동료, 놀라운 만남에 감사할 따름이다.
앞으로도 중세 유럽 문화를 널리 알리는 활동을 계속해나갈 생각이다.

튜크스베리 정보

나는 히드로 국제공항에서 미리 여행사에 부탁한 영국 신사의 차를 타고 직접 현지로 향했지만 나중에 합류한 일원들은 철도를 이용했다고 한다. 패딩턴 역에서 첼트넘 스파 역으로 가는 열차를 타고 약 2시간(중간에 환승), 첼트넘 스파 역에서 목적지까지는 택시나 버스를 이용하면 된다.

축제가 끝난 후 모두 런던으로 이동했는데 특별히 들를 곳이 없다면 전세기를 이용하는 편이 비교적 편하다.

부록

아우라의 회고록

~중세 유럽 스타일을 배운다~

이 부록은 2017년 발매된 동인지
『아우라의 회고록~중세 유럽의 스타일을 배운다~』에
신규 사진을 추가해 새롭게 엮었다.

회고록·축제

지금의 활동을 시작한 지 벌써 10년이 흘렀다.
소소한 흥미에서 뛰어든 중세 유럽의 생활사.
카메라와 휴대전화의 보급으로
손쉽게 기록할 수 있는 환경이 조성되면서
행사 준비며 개최 중에도 사진 촬영 기회가 늘었다.
외국에서만 보았던, 중세 유럽의 생활양식이
일본에도 조금씩 도입되기 시작한 듯하다.

일본의 오래된 민가와 중세 유럽의 농가는
시대와 형태는 다르지만 비슷한 '양식'이 느껴진다.
과거에 주최했던 행사를 기록하는 뜻에서
사소하고 소박한 장면 장면을 모아보았다.

일본의 독자적인 '중세 유럽 양식'을
조금이나마 느낄 수 있기를 바란다.

어둠을 밝히는 중세의 양초

❄ 도쿄·세타가야의 밀랍 양초 체험

밀랍 양초는 중세 유럽의 수도원을 중심으로 사용되었다. 자애로 가득한 빛이 어둠과의 공존을 이야기한다.

양초를 밝히면 식사나 악기의 '빛깔'이며 분위기가 완전히 달라진다. 1,000년 전 세계가 눈앞에 펼쳐진다.

고원에 되살아난
중세 르네상스 고악기의 세계

❄ 나가노·하라무라의 고악기 축제

고악기 전시와 각종 체험 코너도 마련되어 있다.

르네상스 댄스. 아름다운 귀부인이 신사의 손을 잡고 기쁨의 스텝을 밟고 있다.

고악기 연주단과 가수. 아름다운 노랫소리가 장내에 울려 퍼진다.

메인 회장에서 숲 속 교회로, 악대와 갑주를 걸친 무리가
행진하며 사람들을 선도한다. 중세의 축제를 그대로 옮겨
온 듯하다.

가을 들판의 방랑 악사. 피리의 음색이 사뭇 궁금해진다.

교회 앞에서는 모의 전투도 진행되었다.

'허디가디(Hurdy gurdy)'라고 불리는 현악기. 조율이 힘들 것 같다.

중세 연구와 체험 전시회

❄ 도쿄의 서양 중세학회

서양 중세에 대한 연구 발표 및 학술 토론회 외에도 중세의 문화를 체험할 수 있는 전시회도 마련되었다. 책이나 인터넷으로는 알 수 없는 세세한 부분까지 직접 보고 경험할 수 있다.

다른 해에는 인쇄 기술의 역사를 보여주는 전시를
진행했다.

자연의 풍요를 기원하는 축제

❄ 치바의 중세 오월제

중세 유럽의 토착적 요소를 오롯이 연출한 소박한 풍요제.
식물과 생물에 대한 감사의 의미를 담은 '의식'이 낮부터
밤까지 이어졌다.

나뭇가지와 줄기를 모아서 만든 '풍요의 불'. 어두워지면
불을 붙이고 무녀 역의 여성이 신에게 바치는 춤을 춘다.

❋ 가나가와의 숲속의 오월제

오월제의 여신에게 바치는 의식. 신록이 한창인 나무 아래에서 여신에게 바치는 노래를 써나가고 있다.

소박한 탁자와 의자. 평소에는 거의 사용하지 않지만 오월제 때는 중세의 연회용 탁자로 변신한다.

자연미가 부족한 도시에서는 시설을 빌려 중세 유럽의
세계를 재현하기도 한다.

중세 유럽 문화 체험
~다양한 강좌~

❄ 양피지 채색 강좌

중세의 기록 도구 '양피지'를 이용한 채색 강좌.

❄ 중세의 마녀 강좌

중세 마녀에 대한 지식과 허브 배합 체험.

❄ 실잣기 강좌

스핀들(Spindle)을 이용한 실잣기 체험. 중세 유럽에서도 같은 방식으로 다양
한 옷을 만들었다.

❄ 중세 향신료 강좌

중세 요리에 빠지지 않는 향신료에 대한 기본 해설과 요리별 향신료 배합 체험.

중세 안달루시아 요리 '왕의 양갈비 구이'

수도원·서민용 빵(일부 변형)

수도원·콩 스프

유럽뿐 아니라 아랍 방면 요리나 수도사와
서민이 주로 먹었던 소박한 디저트 등을 만
들기도 한다.

중세 유럽의 '음식과 생활'에 관심을 갖게 된 것은 한 전시회에서 본 작품 때문이었다.

'여인과 유니콘'. 프랑스의 클뤼니 중세 미술관에 소장된 6장의 거대한 태피스트리 작품이다. 그림 속 귀부인은 누구일까, 작품의 제작 의도는 무엇이었을까. 진상은 여전히 밝혀지지 않았다.

6장의 태피스트리는 인간의 오감을 표현한 다섯 장과 마지막 '나의 유일한 욕망을 위하여(A mon seul desir)'라는 아름답고 신비로운 작품으로 구성되어 있다.

도쿄에서 열린 특별전에서 그 작품을 보고 거대한 스케일은 물론 섬세한 자수와 색채 그리고 장대한 서사에 압도되었다.

600년 전에 만들어진 작품이라고는 생각할 수 없는 강렬한 존재감. 그 속에 그려진 귀부인과 유니콘의 평온한 표정과 은근한 생활감의 표현도 놀라웠다.

수세기가 지나도 변치 않는 유산은 현대를 살아가는 우리가 당시의 생활상을 짐작하고 엿볼 수 있는 귀중한 자료이다.

아름다운 직물에 새겨진 '미래를 향한 바람'을 언제까지나 지켜가야 할 것이다.

사람들이 살아온 '증거'.

앞으로도 다양한 형태로 소개하는 동시에 감사하는 마음으로 후세에 전하는 역할에 조금이나마 도움이 될 수 있다면 더 바랄 것이 없겠다.

슈 호카

index

참고 문헌

* 『유럽의 축제: 중세의 연회와 음식(ヨーロッパの祝祭典: 中世の宴とグルメたち)』 마들렌 P. 코스만 저 / 가토 교코(加藤恭子), 야마다 도시코(山田敏子) 역 / 하라쇼보(原書房)

* 『중세의 향연: 중세 유럽과 식문화(中世の饗宴: ヨーロッパ中世と食の文化)』 마들렌 P. 코스만 저 / 가토 교코(加藤恭子), 히라노 가요코(平野加代子) 역 / 하라쇼보(原書房)

* 『중세 귀족의 화려한 식탁: 69가지 맛있는 레시피(中世貴族の華麗な食卓: 69のおいしいレシピ)』 마들렌 P. 코스만 저 / 가토 교코(加藤恭子), 와다 아쓰코(和田敦子) 역 / 하라쇼보(原書房)

* 『미각의 역사: 프랑스의 식문화-중세부터 혁명기까지(味覚の歴史: フランスの食文化ー中世から革命まで)』 바바라 휘턴 저 / 쓰지 미키(辻美樹) 역 / 다이슈칸쇼텐(大修館書店)

* 『중세의 식생활: 단식과 연회(中世の食生活: 断食と宴)』 브리짓 앤 헤니시 저 / 후지와라 야스아키(藤原保明) 역 / 호세이대학출판국(法政大学出版局)

* 『'소금'의 세계사: 역사를 움직인 작은 알갱이(塩の世界史: 歴史を動かした,小さな粒)』 마크 쿨란스키 저 / 야마모토 미쓰노부(山本光伸) 역 / 후소샤(扶桑社)

* 『중세 유럽 생활 도감(図説中世ヨーロッパの暮らし)』 가와하라 온(河原温), 호리고시 고이치(堀越宏一) 저 / 가와데쇼보신샤(河出書房新社)

* 『소와 송아지 고기 요리(牛肉と子牛肉の料理)』 타임라이프북스(タイムライフブックス)

* 『돼지고기 요리(豚肉料理)』 타임라이프북스(タイムライフブックス)

* 『들새와 야생 동물 요리(野鳥と猟獣の料理)』 타임라이프북스(タイムライフブックス)

* 『양고기 요리(ラム肉料理)』 타임라이프북스(タイムライフブックス)

* 『세계의 요리 중동 요리(世界の料理　中東料理)』 타임라이프북스(タイムライフブックス)

* 『유럽의 향토 과자: 새로운 맛의 발견(ヨーロッパの郷土菓子: 新しい美味しさの発見)』 가와이 시게히사(河合重久) 저 / 아사히야출판(旭屋出版)

* 『MARGUERITE PATTEN'S INTERNATIONAL COOKERY COLOR』 MARGUERITE PATTEN 저 / The Hamlyn Publishing

* 『Kochen wie im Mittelalter』 Allerley Schlemmerey 저 / Regionalia Verlag

* 『서양 중세 허브 사전(西洋中世ハーブ事典)』 마거릿 B. 프리먼 저 / 야사카쇼보(八坂書房)

* 『허브 도감(ハーブの図鑑)』 하기오 에리코(萩尾エリ子) 저 / 이케다쇼텐(池田書店)

* 『허브 베스트 셀렉션 150: 허브에 대한 모든 것을 알 수 있는 허브 가이드(ハーブベストセレクション150: 選び方から楽しみ方まですべてがわかるハーブガイド)』 일본문예사(日本文芸社)

* 『치유의 향기(癒しのお香)』 카린 브랜들 저 / 하타자와 유코(畑澤裕子) 역 / 산초출판(産調出版)

* 『사랑과 음악의 중세: 음유 시인의 세계(愛と歌の中世: トゥルバドゥールの世界)』 잔느 불린, 이자벨 페사르 저 / 고사이 신지(小佐井伸二) 역 / 하쿠스이샤(白水社)

* 『중세 기사 이야기(中世騎士物語　Truth In Fantasy 28)』 스다 다케로(須田武郎) 저 / 신키겐샤(新紀元社)

* 『환상도시 이야기 〈중세 편〉(幻想都市物語　中世編　Truth In Fantasy 5)』 다이고 요시미(醍醐嘉美), 가이헤이타이(怪兵隊) 저 / 신키겐샤(新紀元社)

* 『베리 공작의 매우 호화로운 기도서(ベリー候の豪華時祷書)』 레이몬드 카젤 저 / 기지마 슌스케(木島俊介) 역 / 주오코론샤(中央公論社)

* 『THE MIDDLE AGES The Illustrated History of the Medieval World』 ANITA BAKER 저 / CARLTON BOOKS

* 『프랑스 국립 클뤼니 박물관 소장 여인과 유니콘(フランス国立クリュニー博物館所蔵　貴婦人と一角獣)』 NHK 프로모션(전시회 도록)

창작을 꿈꾸는 이들을 위한 안내서
AK 트리비아 시리즈

-AK TRIVIA BOOK

No. 01 도해 근접무기

오나미 아츠시 지음 | 이창협 옮김 | 228쪽 | 13,000원

근접무기, 서브 컬처적 지식을 고찰하다!

검, 도끼, 창, 곤봉, 활 등 현대적인 무기가 등
장하기 전에 사용되던 냉병기에 대한 개설
서. 각 무기의 형상과 기능, 유형부터 사용 방법은 물론 서
브컬처의 세계에서 어떤 모습으로 그려지는가에 대해서
도 상세히 해설하고 있다.

No. 02 도해 크툴루 신화

모리세 료 지음 | AK커뮤니케이션즈 편집부 옮김 |
240쪽 | 13,000원

우주적 공포, 현대의 신화를 파헤치다!

현대 환상 문학의 거장 H.P 러브크래프트의
손에 의해 창조된 암흑 신화인 크툴루 신화. 111가지의
키워드를 선정, 각종 도해와 일러스트를 통해 크툴루 신화
의 과거와 현재를 해설한다.

No. 03 도해 메이드

이케가미 료타 지음 | 코트랜스 인터내셔널 옮김 |
238쪽 | 13,000원

메이드의 모든 것을 이 한 권에!

메이드에 대한 궁금증을 확실하게 해결해주
는 책. 영국, 특히 빅토리아 시대의 사회를 중심으로, 실존
했던 메이드의 삶을 보여주는 가이드북.

No. 04 도해 연금술

쿠사노 타쿠미 지음 | 코트랜스 인터내셔널 옮김 |
220쪽 | 13,000원

기적의 학문, 연금술을 짚어보다!

연금술사들의 발자취를 따라 연금술에 대해
자세하게 알아보는 책. 연금술에 대한 풍부한 지식을 쉽고
간결하게 정리하여, 체계적으로 해설하며, '진리'를 위해
모든 것을 바친 이들의 기록이 담겨있다.

No. 05 도해 핸드웨폰

오나미 아츠시 지음 | 이창협 옮김 | 228쪽 | 13,000원

모든 개인화기를 총망라!

권총, 소총, 기관총, 어설트 라이플, 샷건, 머
신건 등, 개인 화기를 지칭하는 다양한 명칭
들은 대체 무엇을 기준으로 하며 어떻게 붙여진 것일까?
개인 화기의 모든 것을 기초부터 해설한다.

No. 06 도해 전국무장

이케가미 료타 지음 | 이재경 옮김 | 256쪽 | 13,000원

전국시대를 더욱 재미있게 즐겨보자!

소설이나 만화, 게임 등을 통해 많이 접할 수
있는 일본 전국시대에 대한 입문서. 무장들
의 활약상, 전국시대의 일상과 생활까지 상세히 서술. 전
국시대에 쉽게 접근할 수 있도록 구성했다.

No. 07 도해 전투기

가와노 요시유키 지음 | 문우성 옮김 | 264쪽 | 13,000원

빠르고 강력한 병기, 전투기의 모든 것!

현대전의 정점인 전투기. 역사와 로망 속의
전투기에서 최신예 스텔스 전투기에 이르기
까지, 인류의 전쟁사를 바꾸어놓은 전투기에 대하여 상세
히 소개한다.

No. 08 도해 특수경찰

모리 모토사다 지음 | 이재경 옮김 | 220쪽 | 13,000원

**실제 SWAT 교관 출신의 저자가 특수경찰의
모든 것을 소개!**

특수경찰의 훈련부터 범죄 대처법, 최첨단
수사 시스템, 기밀 작전의 아슬아슬한 부분까지 특수경찰
을 저자의 풍부한 지식으로 폭넓게 소개한다.

No. 09 도해 전차
오나미 아츠시 지음 | 문우성 옮김 | 232쪽 | 13,000원
지상전의 왕자, 전차의 모든 것!
지상전의 지배자이자 절대 강자 전차를 소개
한다. 전차의 힘과 이를 이용한 다양한 전술,
그리고 그 독특한 모습까지. 알기 쉬운 해설과 상세한 일
러스트로 전차의 매력을 전달한다.

No. 10 도해 헤비암즈
오나미 아츠시 지음 | 이재경 옮김 | 232쪽 | 13,000원
전장을 압도하는 강력한 화기, 총집합!
전장의 주역, 보병들의 든든한 버팀목인 강
력한 화기를 소개한 책. 대구경 기관총부터
유탄 발사기, 무반동총, 대전차 로켓 등. 압도적인 화력으
로 전장을 지배하는 화기에 대하여 알아보자!

No. 11 도해 밀리터리 아이템
오나미 아츠시 지음 | 이재경 옮김 | 236쪽 | 13,000원
군대에서 쓰이는 군장 용품을 완벽 해설!
이제 밀리터리 세계에 발을 들이는 입문자들
을 위해 '군장 용품'에 대해 최대한 알기 쉽게
다루는 책. 세부적인 사항에 얽매이지 않고, 상식적으로
갖추어야 할 기초지식을 중심으로 구성되어 있다.

No. 12 도해 악마학
쿠사노 타쿠미 지음 | 김문광 옮김 | 240쪽 | 13,000원
악마에 대한 모든 것을 담은 총집서!
악마학의 시작부터 현재까지의 그 연구 및
발전 과정을 한눈에 알아볼 수 있도록 구성
한 책. 단순한 흥미를 뛰어넘어 영적이고 종교적인 지식의
깊이까지 더할 수 있는 내용으로 구성.

No. 13 도해 북유럽 신화
이케가미 료타 지음 | 김문광 옮김 | 228쪽 | 13,000원
세계의 탄생부터 라그나로크까지!
북유럽 신화의 세계관, 등장인물, 여러 신과
영웅들이 사용한 도구 및 마법에 대한 설명
까지 당시 북유럽 국가들의 생활상을 통해 북유럽 신화에
대한 이해도를 높일 수 있도록 심층적으로 해설한다.

No. 14 도해 군함
다카하라 나루미 외 1인 지음 | 문우성 옮김 | 224쪽 |
13,000원
20세기의 전함부터 항모, 전략 원잠까지!
군함에 대한 입문서. 종류와 개발사, 구조, 제
원 등의 기본부터, 승무원의 일상, 정비 비용까지 어렵게 여
겨질 만한 요소들 도표와 일러스트로 쉽게 해설한다.

No. 15 도해 제3제국
모리세료 외 1인 지음 | 문우성 옮김 | 252쪽 | 13,000원
나치스 독일 제3제국의 역사를 파헤친다!
아돌프 히틀러 통치하의 독일 제3제국에 대
한 개론서. 나치스가 권력을 장악한 과정부
터 조직 구조, 조직을 이끈 핵심 인물과 상호 관계와 갈등,
대립 등, 제3제국의 역사에 대해 해설한다.

No. 16 도해 근대마술
하니 레이 지음 | AK커뮤니케이션즈 편집부 옮김 |
244쪽 | 13,000원
현대 마술의 개념과 원리를 철저 해부!
마술의 종류와 개념, 이름을 남긴 마술사와
마술 단체, 마술에 쓰이는 도구 등을 설명한다. 겉핥기식
의 설명이 아닌, 역사와 각종 매체 속에서 마술이 어떤 영
향을 주었는지 심층적으로 해설하고 있다.

No. 17 도해 우주선
모리세료 외 1인 지음 | 이재경 옮김 | 240쪽 | 13,000원
우주를 꿈꾸는 사람들을 위한 추천서!
우주공간의 과학적인 설명은 물론, 우주선의
태동에서 발전의 역사, 재질, 발사와 비행의
원리 등, 어떤 원리로 날아다니고 착륙할 수 있는지, 자세
한 도표와 일러스트를 통해 해설한다.

No. 18 도해 고대병기
미즈노 히로키 지음 | 이재경 옮김 | 224쪽 | 13,000원
역사 속의 고대병기, 집중 조명!
지혜와 과학의 결정체, 병기. 그중에서도 고
대의 병기를 집중적으로 조명, 단순한 병기
의 나열이 아닌, 각 병기의 탄생 배경과 활약상, 계보, 작동
원리 등을 상세하게 다루고 있다.

No. 19 도해 UFO
사쿠라이 신타로 지음 | 서형주 옮김 | 224쪽 | 13,000원
UFO에 관한 모든 지식과, 그 허와 실.
첫 번째 공식 UFO 목격 사건부터 현재까지,
세계를 떠들썩하게 만든 모든 UFO 사건을
다룬다. 수많은 미스터리는 물론, 종류, 비행 패턴 등 UFO
에 관한 모든 지식들을 알기 쉽게 정리했다.

No. 20 도해 식문화의 역사
다카하라 나루미 지음 | 채다인 옮김 | 244쪽 | 13,000원
유럽 식문화의 변천사를 조명한다!
중세 유럽을 중심으로, 음식문화의 변화를
설명한다. 최초의 조리 역사부터 식재료, 예
절, 지역별 선호메뉴까지, 시대상황과 분위기, 사람들의 인
식이 어떠한 영향을 끼쳤는지 흥미로운 사실을 다룬다.

No. 21 도해 문장

신노 케이 지음 | 기미정 옮김 | 224쪽 | 13,000원

역사와 문화의 시대적 상징물, 문장!

기나긴 역사 속에서 문장이 어떻게 만들어졌
고, 어떤 도안들이 이용되었는지, 발전 과정
과 유럽 역사 속 위인들의 문장이나 특징적인 문장의 인물
에 대해 설명한다.

No. 22 도해 게임이론

와타나베 타카히로 지음 | 기미정 옮김 | 232쪽 | 13,000원

이론과 실용 지식을 동시에!

죄수의 딜레마, 도덕적 해이, 제로섬 게임 등
다양한 사례 분석과 알기 쉬운 해설을 통해,
누구나가 쉽고 직관적으로 게임이론을 이해하고 현실에
적용할 수 있도록 도와주는 최고의 입문서.

No. 23 도해 단위의 사전

호시다 타다히코 지음 | 문우성 옮김 | 208쪽 | 13,000원

**세계를 바라보고, 규정하는 기준이 되는 단
위를 풀어보자!**

전 세계에서 사용되는 108개 단위의 역사와
사용 방법 등을 해설하는 본격 단위 사전. 정의와 기준, 유
래, 측정 대상 등을 명쾌하게 해설한다.

No. 24 도해 켈트 신화

이케가미 료타 지음 | 곽형준 옮김 | 264쪽 | 13,000원

쿠 훌린과 핀 막 쿨의 세계!

켈트 신화의 세계관, 각 설화와 전설의 주요
등장인물들! 이야기에 따라 내용뿐만 아니라
등장인물까지 뒤바뀌는 경우도 있는데, 그런 특별한 사항
까지 다루어, 신화의 읽는 재미를 더한다.

No. 25 도해 항공모함

노가미 아키토 외 1인 지음 | 오광웅 옮김 | 240쪽 |
13,000원

군사기술의 결정체, 항공모함 철저 해부!

군사력의 상징이던 거대 전함을 과거의 유물
로 전락시킨 항공모함. 각 국가별 발달의 역사와 임무, 영
향력에 대한 광범위한 자료를 한눈에 파악할 수 있다.

No. 26 도해 위스키

츠치야 마모루 지음 | 기미정 옮김 | 192쪽 | 13,000원

위스키, 이제는 제대로 알고 마시자!

다양한 음용법과 글라스의 차이, 바 또는 집
에서 분위기 있게 마실 수 있는 방법까지. 위
스키의 맛을 한층 돋우주는 필수 지식이 가득! 세계적인
위스키 평론가가 전하는 입문서의 결정판.

No. 27 도해 특수부대

오나미 아츠시 지음 | 오광웅 옮김 | 232쪽 | 13,000원

불가능이란 없다! 전장의 스페셜리스트!

특수부대의 탄생 배경, 종류, 규모, 각종 임
무, 그들만의 특수한 장비 어떠한 상황에서
도 살아남기 위한 생존 기술까지 모든 것을 보여주는 책.
왜 그들이 스페셜리스트인지 알게 될 것이다.

No. 28 도해 서양화

다나카 쿠미코 지음 | 김상호 옮김 | 160쪽 | 13,000원

서양화의 변천사와 포인트를 한눈에!

르네상스부터 근대까지, 시대를 넘어 사랑
받는 명작 84점을 수록. 각 작품들의 배경과
특징, 그림에 담겨있는 비유적 의미와 기법 등, 감상 포인
트를 명쾌하게 해설하였으며, 더욱 깊은 이해를 위한 역사
와 종교 관련 지식까지 담겨있다.

No. 29 도해 갑자기
그림을 잘 그리게 되는 법

나카야마 시게노부지음 | 이연희 옮김 | 204쪽 | 13,000원

멋진 일러스트의 초간단 스킬 공개!

투시도와 원근법만으로, 멋지고 입체적인 일
러스트를 그릴 수 있는 방법! 그림에 대한 재능이 없다 생
각 말고 읽어보자. 그림이 극적으로 바뀔 것이다.

No. 30 도해 사케

키지마 사토시 지음 | 기미정 옮김 | 208쪽 | 13,000원

사케를 더욱 즐겁게 마셔 보자!

선택 법, 온도, 명칭, 안주와의 궁합, 분위기
있게 마시는 법 등, 사케의 맛을 한층 더 즐
길 수 있는 모든 지식이 담겨 있다. 일본 요리의 거장이 전
해주는 사케 입문서의 결정판.

No. 31 도해 흑마술

쿠사노 타쿠미 지음 | 곽형준 옮김 | 224쪽 | 13,000원

역사 속에 실존했던 흑마술을 총망라!

악령의 힘을 빌려 행하는 사악한 흑마술을
총망라한 책. 흑마술의 정의와 발전, 기본 법
칙을 상세히 설명한다. 또한 여러 국가에서 행해졌던 흑마
술 사건들과 관련 인물들을 소개한다.

No. 32 도해 현대 지상전

모리 모토사다 지음 | 정은택 옮김 | 220쪽 | 13,000원

아프간 이라크! 현대 지상전의 모든 것!!

저자가 직접, 실제 전장에서 활동하는 군인
은 물론 민간 군사기업 관계자들과도 폭넓게
교류하면서 얻은 정보들을 아낌없이 공개한 책. 현대전에
투입되는 지상전의 모든 것을 해설한다.

No. 33 도해 건파이트
오나미 아츠시 지음 | 송명규 옮김 | 232쪽 | 13,000원
총격전에서 일어나는 상황을 파헤친다!
영화, 소설, 애니메이션 등에서 볼 수 있는 총격전, 그 장면들은 진짜일까? 실전에서는 총기를 어떻게 다루고, 어디에 몸을 숨겨야 할까. 자동차 추격전에서의 대처법 등 건 액션의 핵심 지식.

No. 34 도해 마술의 역사
쿠사노 타쿠미 지음 | 김진아 옮김 | 224쪽 | 13,000원
마술의 탄생과 발전 과정을 알아보자!
고대에서 현대에 이르기까지 마술은 문화의 발전과 함께 널리 퍼져나갔으며, 다른 마술과 접촉하면서 그 깊이를 더해왔다. 마술의 발생시기와 장소, 변모 등 역사와 개요를 상세히 소개한다.

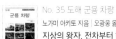

No. 35 도해 군용 차량
노가미 아키토 지음 | 오광웅 옮김 | 228쪽 | 13,000원
지상의 왕자, 전차부터 현대의 바퀴달린 사역 마까지!!
전투의 핵심인 전투 차량부터 눈에 띄지 않는 무대에서 묵묵히 임무를 다하는 각종 지원 차량까지 각자 맡은 임무에 충실하도록 설계되고 고안된 군용 차량만의 다채로운 세계를 소개한다.

No. 36 도해 첩보·정찰 장비
사카모토 아카라 지음 | 문성호 옮김 | 228쪽 | 13,000원
승리의 열쇠 정보! 정보전의 모든 것!
소음총, 소형 폭탄, 소형 카메라 및 통신기 등 영화에서나 등장할 법한 첩보원들의 특수 장비부터 정찰 위성에 이르기까지 첩보 및 정찰 장비들을 400점의 사진과 일러스트로 설명한다.

No. 37 도해 세계의 잠수함
사카모토 아카라 지음 | 류재광 옮김 | 242쪽 | 13,000원
바다를 지배하는 침묵의 자객, 잠수함.
잠수함은 두 번의 세계대전과 냉전기를 거쳐, 최첨단 기술로 최신 무장시스템을 갖추어왔다. 원리와 구조, 승조원의 훈련과 임무, 생활과 전투 방법 등을 사진과 일러스트로 철저히 해부한다.

No. 38 도해 무녀
토키타 유스케 지음 | 송명규 옮김 | 236쪽 | 13,000원
무녀와 샤머니즘에 관한 모든 것!
무녀의 기원부터 시작하여 일본의 신사에서 치르고 있는 각종 의식, 그리고 델포이의 무녀, 한국의 무당을 비롯한 세계의 샤머니즘과 각종 종교를 106가지의 소주제로 분류하여 해설한다!

No. 39 도해 세계의 미사일 로켓 병기
사카모토 아카라 지음 | 유병준·김성훈 옮김 | 240쪽 | 13,000원
ICBM부터 THAAD까지!
현대전의 진정한 주역이라 할 수 있는 미사일. 보병이 휴대하는 대전차 로켓부터 공대공 미사일, 대륙간 탄도탄, 그리고 근래 들어 언론의 주목을 받고 있는 ICBM과 THAAD까지 미사일의 모든 것을 해설한다!

No. 40 독과 약의 세계사
후나야마 신지 지음 | 진정숙 옮김 | 292쪽 | 13,000원
독과 약의 차이란 무엇인가?
화학물질을 어떻게 하면 유용하게 활용할 수 있는가 하는 것은 인류에 있어 중요한 과제 가운데 하나라 할 수 있다. 독과 약의 역사, 그리고 우리 생활과의 관계에 대하여 살펴보도록 하자.

No. 41 영국 메이드의 일상
무라카미 리코 지음 | 조아라 옮김 | 460쪽 | 13,000원
빅토리아 시대의 아이콘 메이드!
가사 노동자이며 직장 여성의 최대 다수를 차지했던 메이드의 일과 생활을 통해 영국의 다른 면을 살펴본다. 『엠마 빅토리안 가이드』의 저자 무라카미 리코의 빅토리아 시대 안내서.

No. 42 영국 집사의 일상
무라카미 리코 지음 | 기미정 옮김 | 292쪽 | 13,000원
집사, 남성 가사 사용인의 모든 것!
Butler, 즉 집사로 대표되는 남성 상급 사용인. 그들은 어떠한 일을 했으며 어떤 식으로 하루를 보냈을까? 『엠마 빅토리안 가이드』의 저자 무라카미 리코의 빅토리안 시대 안내서 제2탄.

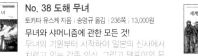

No. 43 중세 유럽의 생활
가와하라 아쓰시 외 1인 지음 | 남지연 옮김 | 260쪽 | 13,000원
새롭게 조명하는 중세 유럽 생활사
철저히 분류되는 중세의 신분. 그 중 「일하는 자」의 일상생활은 어떤 것이었을까? 각종 도판과 사료를 통해, 중세 유럽에 대해 알아보자.

No. 44 세계의 군복
사카모토 아카라 지음 | 진정숙 옮김 | 130쪽 | 13,000원
세계 각국 군복의 어제와 오늘!!
형태와 기능미가 절묘하게 융합된 의복인 군복. 제2차 세계대전에서 현대에 이르기까지, 각국의 전투복과 정복 그리고 각종 장구류와 계급장, 훈장 등, 군복만의 독특한 매력을 느껴보자!

No. 45 세계의 보병장비

사카모토 아키라 지음 | 이상언 옮김 | 234쪽 | 13,000원

현대 보병장비의 모든 것!

군에 있어 가장 기본이 되는 보병 개인화기, 전투복, 군장, 전투식량, 그리고 미래의 장비까지. 제2차 세계대전 이후 눈부시게 발전한 보병 장비와 현대전에 있어 보병이 지닌 의미에 대하여 살펴보자.

No. 46 해적의 세계사

모모이 지로 지음 | 김효진 옮김 | 280쪽 | 13,000원

「영웅」인가, 「공적」인가?

지중해, 대서양, 카리브해, 인도양에서 활동했던 해적을 중심으로, 영웅이자 악탈자, 정복자, 야심가 등 여러 시대에 걸쳐 등장했던 다양한 해적들이 세계사에 남긴 발자취를 더듬어본다.

No. 47 닌자의 세계

야마키타 아츠시 지음 | 송명규 옮김 | 232쪽 | 13,000원

실제 닌자의 활약을 살펴본다!

어떠한 임무라도 완수할 수 있도록 닌자는 온갖 지혜를 짜내며 궁극의 도구와 인술을 만들어냈다. 과연 닌자는 역사 속에서 어떤 활약을 펼쳤을까.

No. 48 스나이퍼

오나미 아츠시 지음 | 이상언 옮김 | 240쪽 | 13,000원

스나이퍼의 다양한 장비와 고도의 테크닉!

아군의 절체절명 위기에서 한 끗 차이의 절묘한 타이밍으로 전세를 역전시키기도 하는 스나이퍼의 세계를 알아본다.

No. 49 중세 유럽의 문화

이케가미 쇼타 지음 | 이은수 옮김 | 256쪽 | 13,000원

심오하고 매력적인 중세의 세계!

기사, 사제와 수도사, 음유시인에 숙녀, 그리고 농민과 상인과 기술자들 중세 배경의 판타지 세계에서 자주 보았던 그들의 리얼한 생활을 풍부한 일러스트와 표로 이해한다!

No. 50 기사의 세계

이케가미 쇼타 지음 | 이은수 옮김 | 256쪽 | 13,000원

심오하고 매력적인 중세의 세계!

기사, 사제와 수도사, 음유시인에 숙녀, 그리고 농민과 상인과 기술자들 중세 배경의 판타지 세계에서 자주 보았던 그들의 리얼한 생활을 풍부한 일러스트와 표로 이해한다!

No. 51 영국 사교계 가이드
-19세기 영국 레이디의 생활-

무라카미 리코 지음 | 문성호 옮김 | 216쪽 | 15,000원

19세기 영국 사교계의 생생한 모습!

당시에 많이 출간되었던 「에티켓 북」의 기술을 바탕으로, 빅토리아 시대 중류 여성들의 사교 생활을 알아보며 그 속마음까지 들여다본다.

No. 52 중세 유럽의 성채 도시

무라카미 리코 지음 | 문성호 옮김 | 216쪽 | 15,000원

19세기 영국 사교계의 생생한 모습!

당시에 많이 출간되었던 「에티켓 북」의 기술을 바탕으로, 빅토리아 시대 중류 여성들의 사교 생활을 알아보며 그 속마음까지 들여다본다.

No. 53 마도서의 세계

쿠사노 타쿠미 지음 | 남지연 옮김 | 236쪽 | 15,000원

마도서의 기원과 비밀!

천사와 악마 같은 영혼을 소환하여 자신의 소망을 이루는 마도서의 원리를 설명한다.

No. 54 영국의 주택

야마다 카요코 외 지음 | 문성호 옮김 | 252쪽 | 17,000원

영국인에게 집은 「물건」이 아니라 「문화」다!

영국 지역에 따른 집들의 외관 특징, 건축 양식, 재료 특성, 각종 주택 스타일을 상세하게 설명한다.

No. 55 발효

고이즈미 다케오 지음 | 장현주 옮김 | 224쪽 | 15,000원

미세한 거인들의 경이로운 세계!

세계 각지 발효 문화의 놀라운 신비와 의의를 살펴본다. 발효를 발전시킨 인간의 깊은 지혜와 훌륭한 발상이 보일 것이다.

환상 네이밍 사전

신키겐샤 편집부 지음 | 유진원 옮김 | 288쪽 | 14,800원

의미 없는 네이밍은 이제 그만!
운명은 프랑스어로 무엇이라고 할까? 독일어,
일본어로는? 중국어로는? 더 나아가 이탈리아
어, 러시아어, 그리스어, 라틴어, 아랍어에 이르
기까지. 1,200개 이상의 표제어와 11개국어, 13,000개 이
상의 단어를 수록!!

중2병 대사전

노무라 마사타카 지음 | 이재경 옮김 | 200쪽 | 14,800원

이 책을 보는 순간, 당신은 이미 궁금해하고 있다!
사춘기 청소년이 행동할 법한 손빛이 오그라드
는 행동이나 사고를 뜻하는 중2병 서브컬처 작
품에 자주 등장하는 중2병의 의미와 기원 등, 102개의 항목
에 대해 해설과 칼럼을 곁들여 알기 쉽게 설명 한다.

크툴루 신화 대사전

고토 카츠 외 1인 지음 | 곽형준 옮김 | 192쪽 | 13,000원

신화의 또 다른 매력, 무한한 가능성!
H. P. 러브크래프트를 중심으로 여러 작가들의
설정이 거대한 세계관으로 자리잡은 크툴루 신
화. 현대 서브 컬처에 지대한 영향을 끼치고 있다. 대중 문화
속에 알게 모르게 자리 잡은 크툴루 신화의 요소를 설명하는
본격 해설서.

문양박물관

H. 돌메치 지음 | 이지은 옮김 | 160쪽 | 8,000원

세계 문양과 장식의 정수를 담다!
19세기 독일에서 출간된 H. 돌메치의 『장식의
보고』를 바탕으로 제작된 책이다. 세계 각지의
문양 장식을 소개한 이 책은 이론보다 실용에
초점을 맞춘 입문서 화려하고 아름다운 전 세계의 문양을 수
록한 실용적인 자료집으로 손꼽는다.

고대 로마군 무기·방어구·전술 대전

노무라 마사타카 외 3인 지음 | 기미정 옮김 | 224쪽 | 13,000원

위대한 전복자, 고대 로마군의 모든 것!
부대의 편성부터 전술, 장비 등, 고대 최강의 군
대라 할 수 있는 로마군이 어떤 집단이었는지
상세하게 분석하는 해설서. 압도적인 군사력으로 세계를 석
권한 로마 제국. 그 힘의 전모를 철저하게 검증한다.

도감 무기 갑옷 투구

이치카와 사다하루 외 2인 지음 | 남지연 옮김 | 448쪽 | 29,000원

역사를 망라한 궁극의 군장도감!
고대로부터 무기는 당시 최신 기술의 정수와 함
께 철학과 문화, 신념이 어우러져 완성되었다.
이 책은 그러한 무기들의 기능, 원리, 목적 등과 더불어 그 기
원과 발전 양상 등을 그림과 표를 통해 알기 쉽게 설명하고
있다. 역사상 실재한 무기와 갑옷, 투구들을 통사적으로 살펴
보자!

중세 유럽의 무술, 속 중세 유럽의 무술

오사다 류타 지음 | 남유리 옮김 |
각 권 672쪽~624쪽 | 각 권 29,000원

본격 중세 유럽 무술 소개서!
막연하게만 떠오르는 중세 유럽~르네상스 시
대에 활약했던 검술과 격투술의 모든 것을 담
은 책. 영화 등에서만 접할 수 있었던 유럽 중세
시대 무술의 기본이념과 자세, 방어, 보법부터,
시대를 풍미한 각종 무술까지, 일러스트를 통해
알기 쉽게 설명한다.

최신 군용 총기 사전

토코이 마사미 지음 | 오광웅 옮김 | 564쪽 | 45,000원

세계 각국의 현용 군용 총기를 총망라!
주로 군용으로 개발되었거나 군대 또는 경찰의
대테러부대처럼 중무장한 조직에 배치되어 사
용되고 있는 소화기가 중점적으로 수록되어 있으며, 이외에
도 각 제작사에서 국제 군수시장에 수출할 목적으로 개발, 시
제품만이 소수 제작되었던 총기류도 함께 실려 있다.

초패미컴, 초초패미컴

타네 키요시 외 2인 지음 | 문성호 외 1인 옮김 |
각 권 360, 296쪽 | 각 14,800원

게임은 아직도 패미컴을 넘지 못했다!
패미컴 탄생 30주년을 기념하여, 1983년 『동
키콩』부터 시작하여, 1994년 『타카하시 명인
의 모험도 IV』까지 총 1000여 개의 작품에 대한
리뷰를 담은 영구 소장판. 패미컴과 함께했던
아련한 추억을 간직하고 있는 모든 이들을 위한
책이다.

초쿠소게 1,2

타네 키요시 외 2인 지음 | 문성호 옮김 |
각 권 224, 300쪽 | 각 권 14,800원

망작 게임들의 숨겨진 매력을 재조명!
『쿠소게クソゲ-』란 '똥-クソ'과 '게임-Game'의
합성어로, 어감 그대로 정말 못 만들고 재미없
는 게임을 지칭할 때 사용되는 조어이다. 우리
안으로 막자 막작 게임 정도가 될 것이다. 레트
로 게임에서부터 플레이스테이션3까지 게이머
들의 기대를 보란듯이 저버렸던 수많은 쿠소게
들을 총망라하였다.

초에로게, 초에로게 하드코어

타네 키요시 외 2인 지음 | 이은수 옮김 |
각 권 276쪽, 280쪽 | 각 권 14,800원

망작 18금 게임 총출동!
에로게란 '에로-エロ'와 '게임-Game'의 합성어
로, 말 그대로 성적인 표현이 담긴 게임을 지칭
한다. '에로게 현자'라 자처하는 베테랑 저자들
의 엄격한 심사(?)를 통해 선정된 '명작 에로게'
들에 대한 본격 리뷰집!!

세계의 전투식량을 먹어보다

키쿠즈키 토시유키 지음 | 오광웅 옮김 | 144쪽 | 13,000원

전투식량에 관련된 궁금증을 한권으로 해결!

전투식량이 전장에서 자리를 잡아가는 과정과, 미국의 독립전쟁부터 시작하여 역사 속 여러 전쟁의 전투식량 배급 양상을 살펴보는 책. 식품부터 식기까지, 수많은 전쟁 속에서 전투식량이 어떠한 모습으로 등장하였고 병사들은 이를 어떻게 취식하였는지, 흥미진진한 역사를 소개하고 있다.

민족의상 1,2

오귀스트 라시네 지음 | 이지은 옮김 | 각 권 160쪽 | 각 8,000원

화려하고 기품 있는 색감!!

디자이너 오귀스트 라시네의 『복식사』 전 6권 중에서 민족의상을 다룬 부분을 바탕으로 제작되었다. 당대에 정점에 올랐던 석판 인쇄 기술로 완성되어, 시대가 흘렀음에도 그 세세하고 풍부하고 아름다운 색감이 주는 감동은 여전히 빛을 발한다.

세계장식도 Ⅰ, Ⅱ

오귀스트 라시네 지음 | 이지은 옮김 | 각 권 160쪽 | 각 8,000원

공예 미술계 불후의 명작을 농축한 한 권!

19세기 프랑스에서 가장 유명한 디자이너였던 오귀스트 라시네의 대표 저서 『세계장식 도집성』에서 인상적인 부분을 뽑아내 콤팩트하게 정리한 다이제스트판. 공예 미술의 각 분야를 포괄하는 내용을 담은 책으로. 방대한 예시를 더욱 정교하게 소개한다.

중세 유럽의 복장

오귀스트 라시네 지음 | 이지은 옮김 | 160쪽 | 8,000원

고품격 유럽 민족의상 자료집!!

19세기 프랑스의 유명한 디자이너 오귀스트 라시네가 직접 당시의 민족의상을 그린 자료집. 유럽 각지에서 사람들이 실제로 입었던 민족의상의 모습을 그대로 풍부하게 수록하였다. 각 나라의 특색과 문화가 담겨 있는 민족의상을 감상할 수 있다.

서양 건축의 역사

사토 다쓰키 지음 | 조민경 옮김 | 264쪽 | 14,000원

서양 건축사의 결정판 가이드 북!

건축의 역사를 살펴보는 것은 당시 사람들의 의식을 들여다보는 것과도 같다. 이 책은 고대에서 중세, 르네상스기로 넘어오며 탄생한 다양한 양식들을 당시의 사회, 문화, 기후, 토질 등을 바탕으로 해설하고 있다.

그림과 사진으로 풀어보는 **이상한 나라의 앨리스**

구와바라 시게오 지음 | 조민경 옮김 | 248쪽 | 14,000원

매혹적인 원더랜드의 논리를 완전 해설!

산업 혁명을 통한 눈부신 문명의 발전과 그 그늘. 도덕주의와 엄숙주의, 위선과 허영이 병존하던 빅토리아 시대는 『원더랜드』의 탄생과 배경으로 어떻게 작용했을까? 순진 무구한 소녀 앨리스가 우연히 발을 들인 기묘한 세상의 완전 가이드북!!

세계의 건축

코우다 미노루 외 1인 지음 | 조민경 옮김 | 256쪽 | 14,000원

고품격 건축 일러스트 자료집!

시대를 망라하여, 건축물의 외관 및 내부의 장식을 정밀한 일러스트로 소개한다. 흔히 보이는 풍경이나 딱딱한 도시의 건축물이 아닌, 고풍스러운 건물들을 섬세하고 세밀한 선화로 표현하여 만화, 일러스트 자료에 최적화된 형태로 수록하고 있다.

그림과 사진으로 풀어보는 **알프스 소녀 하이디**

지바 가오리 외 지음 | 남지연 옮김 | 224쪽 | 14,000원

하이디를 통해 살펴보는 19세기 유럽사!

『하이디』라는 작품을 통해 19세기 말의 스위스를 알아본다. 또한 원작자 슈피리의 생애를 교차시켜 『하이디』의 세계를 깊이 파고든다. 『하이디』를 읽을 사람은 물론, 작품을 보다 깊이 감상하고 싶은 사람에게 있어 좋은 안내서가 되어줄 것이다.

지중해가 낳은 천재 건축가 -안토니오 가우디

이리에 마사유키 지음 | 김진아 옮김 | 232쪽 | 14,000원

천재 건축가 가우디의 인생, 그리고 작품

19세기 말~20세기 초의 카탈루냐 지역 및 그의 작품들이 지어진 바르셀로나의 지역사, 그리고 카사 바트요, 구엘 공원, 사그라다 파밀리아 성당 등의 작품들을 통해 안토니오 가우디의 생애를 본격적으로 살펴본다.

영국 귀족의 생활

다나카 료조 지음 | 김상호 옮김 | 192쪽 | 14,000원

영국 귀족의 우아한 삶을 조명한다

현대에도 귀족제도가 남아있는 영국. 귀족이 영국 사회에서 어떠한 의미를 가지고 또 기능하는지, 상세한 설명과 사진자료를 통해 귀족 특유의 화려함과 고상함의 이면에 자리 잡은 책임과 무게. 귀족의 삶 깊숙한 곳까지 스며든 '노블레스 오블리주'의 진정한 의미를 알아보자.

요리 도감

오치 도요코 지음 | 김세원 옮김 | 384쪽 | 18,000원

요리는 힘! 삶의 저력을 키워보자!!

이 책은 부모가 자식에게 조곤조곤 알려주는 요리 조언집이다. 처음에는 요리가 서툴고 다소 귀찮게 느껴질지 모르지만, 약간의 요령과 습관만 익히면 스스로 요리를 완성한다는 보람과 매력, 그리고 요리라는 삶의 지혜에 눈을 뜨게 될 것이다.

사육 재배 도감

아라사와 시게오 지음 | 김민영 옮김 | 384쪽 | 18,000원

동물과 식물을 스스로 키워보자!

생명을 돌보는 것은 결코 쉬운 일이 아니다. 꾸준히 손이 가고, 인내심과 동시에 책임감을 요구하기 때문이다. 그럴 때 이 책과 함께 한다면 어떨까? 살아있는 생명과 함께하며 성숙해진 마음은 그 무엇과도 바꿀 수 없는 보물로 남을 것이다.

식물은 대단하다

다나카 오사무 지음 | 남지연 옮김 | 228쪽 | 9,800원

우리 주변의 식물들이 지닌 놀라운 힘!

오랜 세월에 걸쳐 거목을 말려 죽이는 교살자무화과나무, 딱지를 만들어 몸을 지키는 바나나 등 식물이 자신을 보호하는 아이디어, 환경에 적응하여 살아가기 위한 구조의 대단함을 해설한다. 동물은 흉내 낼 수 없는 식물의 경이로운 능력을 알아보자.

그림과 사진으로 풀어보는 **마녀의 약초상자**

니시무라 유코 지음 | 김심호 옮김 | 220쪽 | 13,000원

『약초』라는 키워드로 마녀를 추적하다!

정체를 알 수 없는 약물을 제조하거나 저주와 마술을 사용했다고 알려진 『마녀』란 과연 어떤 존재였을까? 그들이 제조해온 마법약의 재료와 제조법, 마녀들이 특히 많이 사용했던 여러 종의 약초와 그에 얽힌 이야기들을 통해 마녀의 비밀을 알아보자.

초콜릿 세계사
-근대 유럽에서 완성된 갈색의 보석

다케다 나오코 지음 | 이지은 옮김 | 240쪽 | 13,000원

신비의 약이 연인 사이의 선물로 자리 잡기까지의 역사!

원산지에서 『신의 음료』라고 불렸던 카카오. 유럽 탐험가들에 의해 서구 세계에 알려진 이래, 19세기에 이르러 오늘날의 형태와 같은 초콜릿이 탄생했다. 전 세계로 널리 퍼질 수 있었던 초콜릿의 흥미진진한 역사를 살펴보자.

초콜릿어 사전

Dolcerica 가가와 리카코 지음 | 이지은 옮김 | 260쪽 | 13,000원

사랑스러운 일러스트로 보는 초콜릿의 매력!

나른해지는 오후, 기력 보충 또는 기분 전환 삼아 한 조각 먹게 되는 초콜릿. 『초콜릿어 사전』은 초콜릿의 역사와 종류, 제조법 등 기본 정보와 관련 용어 그리고 그 해설을 유머러스하면서도 사랑스러운 일러스트와 함께 싣고 있는 그림 사전이다.

판타지세계 용어사전

고타니 마리 감수 | 전홍식 옮김 | 248쪽 | 18,000원

판타지의 세계를 즐기는 가이드북!

온갖 신비로 가득한 판타지의 세계. 『판타지세계 용어사전』은 판타지의 세계에 대한 이해를 돕고 보다 깊이 즐길 수 있도록, 세계 각국의 신화, 전설, 역사적 사건 속의 용어들을 뽑아 해설하고 있으며, 한국어판 특전으로 역자가 엄선한 한국 판타지 용어 해설집을 수록하고 있다.

세계사 만물사전

헤이본사 편집부 지음 | 남지연 옮김 | 444쪽 | 25,000원

우리 주변의 교통 수단을 시작으로, 의복, 각종 악기와 음악, 문자, 농업, 신화, 건축물과 유적 등, 고대부터 제2차 세계대전 종전 이후까지의 각종 사물 약 3000점의 유래와 그 역사를 상세한 그림으로 해설한다.

고대 격투기

오사다 류타 지음 | 남지연 옮김 | 264쪽 | 21,800원

고대 지중해 세계의 격투기를 총망라!

레슬링, 복싱, 판크라티온 등의 맨몸 격투술에서 무기를 활용한 전투술까지 풍부하게 수록한 격투 교본. 고대 이집트·로마의 격투술을 일러스트로 상세하게 해설한다.

에로 만화 표현사

키미 리토 지음 | 문성호 옮김 | 456쪽 | 29,000원

에로 만화에 학문적으로 접근하다!

에로 만화 주요 표현들의 깊은 역사, 복잡하게 얽힌 성립 배경과 관련 사건 등에 대해 자세히 분석해본다.

AK Trivia Book 56
중세 유럽의 레시피

초판 1쇄 인쇄 2019년 8월 10일
초판 1쇄 발행 2019년 8월 15일

저자 : 코스트마리 사무국 슈 호카
번역 : 김효진

펴낸이 : 이동섭
편집 : 이민규, 서찬웅, 탁승규
디자인 : 조세연, 백승주, 김현승
영업 · 마케팅 : 송정환
e-BOOK : 홍인표, 김영빈, 유재학, 최정수
관리 : 이윤미

㈜에이케이커뮤니케이션즈
등록 1996년 7월 9일(제302-1996-00026호)
주소 : 04002 서울 마포구 동교로 17안길 28, 2층
TEL : 02-702-7963~5   FAX : 02-702-7988
http://www.amusementkorea.co.kr

ISBN 979-11-274-2704-7 13900

"CHUSEI EUROPE NO RECIPE" by Costmary Jimukyoku, Shu Hohka
Copyright © Costmary Jimukyoku, Shu Hohka, 2018
All rights reserved.
Originally published in Japan by Shinkigensha Co Ltd, Tokyo.

This Korean edition published by arrangement with Shinkigensha Co Ltd, Tokyo
in care of Tuttle-Mori Agency, Inc., Tokyo

이 도서의 국립중앙도서관 출판예정도서목록(CIP)은 서지정보유통지원시스템 홈페이지(http://
seoji.nl.go.kr)와 국가자료공동목록시스템(http://www.nl.go.kr/kolisnet)에서 이용하실 수 있습
니다.(CIP제어번호: CIP2019028530)

*잘못된 책은 구입한 곳에서 무료로 바꿔드립니다.